KB214325

송강 스님 영상 화두 3권

칼의 사랑

송강 스님 영상 화두 3권

칼의 사랑

- 한산 화엄(寒山華嚴)선사를 은사로 득도
- 화엄, 향곡, 성철, 경봉, 해산, 탄허, 석암 큰스님들로부터 선(禪), 교(敎), 율(律)을 지도 받으며 수행
- 중앙승가대학교에서 5년에 걸쳐 팔만대장경 일람(一覽)
- BBS 불교라디오방송 '자비의 전화' 진행
- BTN 불교TV방송 '송강 스님의 기초교리 강좌' 진행
- 불교신문 '송강 스님의 백문백답' '송강 스님의 마음으로 보기' '다시 보는 금강경' '벽암록 맛보기' 연재
- 『금강반야바라밀경』 시리즈, 『백문백답』, 『인도 성지 순례』, 『미얀마 성지순례』, 『경허선사 깨달음의 노래(悟道歌)』, 『신심명(信心銘)』, 『완전히 새롭게 쓴 부처님의 생애』, 『초발심자경문』, 『다시 보는 금강경』, 『영상화두 1권 꽃을 들다』, 『영상화두 2권 말·침묵 그리고 마음』, 『나의 사랑 나의 스승 한산화엄』, 『발칸·동유럽 문화 탐방기』, 『도를 깨달은 노래 증도가』, 『마음으로 보기』, 『벽암록 맛보기』, 『독송용 관음경』 출간
- 서울 강서구 개화산(開花山) 개화사(開華寺) 창건
- 현재 개화사 주지로 있으며, 인연 닿는 이들이 본래 면목을 깨달을 수 있도록 기초교리로부터 선어록에 이르기까지 다양한 강좌를 진행하고 있으며 차, 향, 음악, 정좌, 정념 등을 활용한 법회들을 통해 마음 치유와 수행을 지도하고 있음

〈칼의 사랑〉을 펴내며

불교에서는 번뇌로부터의 속박을 끊는 도구를 금강보검(金剛寶劍) 또는 반야보검(般若寶劍)이라고 하는데, 이것은 깨달음의 지혜를 상징하는 것입니다. 선지식들은 상대가 갇혀 있는 망상의 사슬을 잘라버리고 자유로운 삶을 살게 하는 데 바로 이 지혜의 보검을 씁니다. 이 지혜의 보검은 실제로 목숨을 건 수행을 해야만 볼 수 있고 사용할 수 있는 모양 없는 칼입니다. 단 이 지혜의 칼은 큰 자비심의 발로에 의해서만 사용됩니다. 금강보검을 사용하는 가장 큰 목적은 상대가 자신의 반야보검을 찾아 사용할 수 있게 하려는 것입니다.

근래에 정기적인 법회가 아닌 일상의 대화에서 상대에게 툭 던진 짧은 말을 페이스북에 자주 실었고, 많은 분들이 좋아했습니다. 그런 글들이나 단상을 모은 것이 세 번째의 영상화두 〈칼의 사랑〉입니다. 비록 짧은 글들이지만 그 목적은 자신을 곧바로 보게 하려는 것이며, 최상의 보물이 자신에게 있음을 깨닫게 하려는 것입니다.

비록 아주 간단한 글들이지만, 마음 복잡하거나 걷잡기 어려울 때 펼쳐본다면 시원한 바람이 될 수도 있을 것입니다. 이 책이 많은 분들 곁에 멋진 친구처럼 있게 되길 기대해 봅니다.

2025년 새해를 맞으며
개화산방(開華山房)에서 時雨 松江 합장

차례

뜻대로(如意)

자기 뜻대로 하려면 뜻대로 되기 어렵고
상대 뜻대로 하려면 뜻대로 되기 쉽네.
모든 것 갖추었으나 자기 뜻 갖지 않은 이
그를 일러 위대한 보살이라고 칭송한다네.

■

푸른 사자를 타고 앉은 문수보살상.
왼손에 든 것이 여의(如意).
대만의 전설적인 화가 대천거사(大千居士)
장원(張爰)선생(1899~1983)의 불화.
개화사 소장.

14

스스로 속는 것

눈 내리면

세상 깨끗해진다 하지만

눈 하얗게 쌓이면

정말 청정해진 것인가?

꿰뚫어 보는 지혜가 없으면

자신의 생각이 자신을 속이게 된다.

자신의 모습까지 보여주는 거울입니다.

∎

눈 덮인 곳은 일시적으로 깨끗해 보일 뿐이다.
세상에 그와 같은 일이 얼마나 많은가.

괴로움(꿈)

남이 가지면

나쁘다고 떠들고

자신에게 속할 땐

놓지 않으려 발버둥치는 것

이러거나 저러거나

괴로움은 스스로가 만드는 것.

2018년 1월 1일 서울 방화대교 일출.
자명거사님 사진.

안팎의 등을 밝힘

도량 내부의 등을 밝힌 것은

자신의 지혜를 밝힘.

문밖의 등을 밝힘은

세상에 빛을 나누는 자비 펼침.

자기 안에 등 있으나 밝히지 않으면

어리석은 사람.

자신의 힘 있으나 쓰지 않으면

자비롭지 못한 사람.

** 흔히 사용하는 〈자신을 등불로 삼고(自燈明), 법을 등불로 삼는다(法燈明).〉는 말은 완전히 잘못된 번역이다. 〈자신의(自) 등을(燈) 밝히고(明), 진리의(法) 등을(燈) 밝혀라(明).〉로 번역해야 한다. 살인자나 큰 사기꾼이 자신을 등불로 삼으면 될까? 잘못 이해한 종교적 가르침을 등불로 삼으면 사이비가 되는데, 세상을 교란시키는 잘못된 이론이 횡행하면 어떻게 될까?

■

개화사 도량을 밝히고 있는 처마 아래의 팔각등.

개화사 일주문 주변의 주름등.

역경

앞뜰의 붓꽃 비에 젖어
고고한 품격 훼손되었구나.
사람도 때에 따라
역경에 처하기도 하는 법
품격 훼손된 이 욕하는 사람들
그리 고고하게 보이지만은 않더라.

■

(위) 5월 15일의 개화사 앞뜰의 붓꽃.
(아래) 5월 16일 비에 젖은 붓꽃.

24

흔들린 불꽃놀이

전화가 울렸다.

목소리가 흐느꼈다.

「스님!

마지막 영업 끝냈습니다.

백수 된 것을 축하해선지

하늘 가득 불꽃이 춤을 춥니다.」

흔들린 폭죽의 불꽃들.

뒷모습

뒷모습까지도
이리 고운 사람이라면….

■

개화사 뜰의 나리를 뒤에서 촬영한 것(역광).

29

삶

꽃향기 가득한 집은 객도 들어가고 싶고
오물 냄새 풍기는 집은 나그네도 피한다.
남의 험담만 옮기면 자기 마당 냄새나고
미담을 공유하는 집에는 꽃향기 피어난다.
직접 보고 들은 것도 진실 알기 어려운데
뜬소문 괴담으로 자신의 인생을 낭비한다.

개화사 불자들이 불기를 닦는 모습.

수준 또는 경지

팔천 미터의 만년설산 히말라야 산이라도
일천 미터에서는 그저 평범한 풍광뿐이네.
히말라야에서 백년을 살았다고 자랑 말지니
드높은 산 정상과는 완전히 다른 세계라네.

** 책 몇 권 읽었다고 불교 다 아는 체하지 마시고, 소문 좀 들었다고 불교집안 다 안다고 착각하지 마시기 바랍니다. 요즘 아무렇게나 충고하려 드는 이들이 너무 많습니다. 그럴 시간이 있으면 자기 살림 잘 점검하시기 바랍니다.

■

히말라야의 일몰.
2010년 10월 21일 촬영.

상생(相生)

아름다움의 상징 부용도 제각기 모양 다르다.
자신과 다른 것은 모두 잘못되었다고 한다면
자신 또한 남에게서 똑같은 이유로 부정된다.
옳고 그름을 따진 뒤 남는 것은 황폐한 마음
오로지 스스로 최선을 다해 꽃 피움만 못하다.

■

아름다움의 상징인 부용화(芙蓉花)가
다양한 모습으로 어우러져 있다.
지는 꽃 , 활짝 핀 꽃, 갓 피어나는 꽃.

35

친근(親近)

멋진 사람과 가까이 지내보십시오.
당신도 머지않아 멋진 사람이 될 것입니다.

■

본래 키는 1.5m 정도 되는 능소화가
15m 개화사 뜰의 은행나무를 타고 올라가
꼭대기에서 꽃을 피우고 있다.

37

불만(不滿)

큰 나무 뒤에 있던 작은 나무는

큰 나무와 햇볕이 늘 불만이었다.

햇볕은 왜 큰 나무에게만 가는 거야.

차라리 사라져 버리면 좋겠어.

밤이 되자 큰 나무도 작은 나무도

깜깜한 어둠 속에 존재감이 없었다.

큰 나무가 사라져 버리면 좋겠다는

작은 나무의 바람이 이루어졌다.

벼락을 맞아 쓰러진 것이었다.

하지만 꺾인 큰 나무에 치어

작은 나무 또한 뿌리째 뽑혔다.

■

범어사 일주문 앞 벼락에 꺾인 소나무.
1979년 여름에 촬영.

적폐(積弊)

소문을 듣고 차 한 잔 마시고 싶다며 불쑥 찾아온 거사가, 차를 마시며 시종일관 자기 얘기만 했다.

그러다가 정의감이 복받쳤는지 열변을 토하기 시작했다. 사회의 적폐로 시작하더니 드디어 조계종의 적폐까지 언급하면서 적폐청산을 부르짖었다. 한참을 떠들더니 내게 물었다.

"스님은 적폐청산을 어떻게 생각하십니까?"

"사회의 적폐나 조계종의 적폐는 잘 모르겠구려. 그런 것들이 내 해탈을 방해한 적이 없기 때문이오. 그러나 한 가지 적폐는 분명히 알겠소."

"그게 무엇입니까?"

"가장 큰 적폐는 자기 마음이 어디 있는지도 모르고 번뇌 망상만 가득한 것이니, 만일 적폐를 청산해야 한다면 스스로 목숨 걸고 정진하여 해탈해야 할 것이요. 그런데 그대는 지금 차 마시러 왔으면서도 분노로 가득차서 차의 향도 맛도 모르고 있구려. 바로 내 앞에 번뇌로 가득한 적폐가 있으니 그 적폐는 청산해야 하겠소. 더 떠들려면 바로 나가시고, 차를 마시려거든 그대 마음으로 돌아가 차나 드시구려!"

개완에 시킴(Sikkim).
이른 봄 홍차.

강함

붓이 먹물 머금으면 화선지보다 강하지만
부드럽게 물처럼 흘러 글과 그림 남기고
지혜로운 이가 깊은 마음 용맹심을 내면
모든 악을 능히 이겨 부술 수도 있지만
세상 선악 위 물처럼 흘러 고운 꽃 피운다.

■

대만의 국보급 화가인 대천(大千)거사
장원(張爰, 1899~1983)선생이
돈황 막고굴 100호실의 보살도를
그대로 모사한 관음보살도.
개화사 무량수전 소장.

분노(憤怒)

분노를 일으키는 사람에게도

다 나름의 이유가 있다.

정의, 평등, 민주 등의 이름으로도

분노는 나타난다.

이름이 아무리 근사해도

번뇌는 번뇌일 뿐인데

자신의 마음 어지럽히지 않는 분노가

과연 있을까?

분노는 상대에게 닿기 전

먼저 자신의 마음을 친다.

■

사천왕상이 절 대문에 있는 까닭은
분노를 가지고 들어오지 말라는 상징도 있다.
완주 위봉사의 천왕상을 정도스님이 촬영.

전생(前生)

파르르 떨린 그대 맑은 눈빛

풀 향기 나던 그대 뽀얀 손

차갑게 뿌리친 내 아린 마음

모두 지난 봄 떨어진 꽃잎들.

■

꽃잎은 다 지고 다음 생을 준비하는 꽃씨들.

사주팔자

주역(周易)의 대가라는 이가

차를 마시다가 물었다.

"스님 사주(四柱)가 어떻게 되십니까?"

"생주이멸(生住異滅)!"

"팔자(八字)는요?"

"행주좌와(行住坐臥) 어묵동정(語默動淨)!"

"농담하지 마시구요."

"거사야말로 농담하지 마시구려!"

"무슨 말씀이신지…?"

"그런 숫자놀이에 걸릴 것 같으면

밖에서 살겠지, 출가했겠수?"

■

신부님들과 신분에 관계없이 친구가 되고
정해진 주제 없이 자유로운 언행을 함.
개화사를 방문한 도반(道伴)인 신부님들과
반갑게 인사 나누는 장면.

생주이멸(生住異滅)

태어나(生)

수행하며(住)

중생의 마음 바꿔 해탈하고(異)

깨달음의 고요하고 번뇌 없는 경지에 이름

(滅).

행주좌와(行住坐臥) 어묵동정(語默動靜)

가고(行)

머무르며(住)

앉고(坐)

눕고(臥)

말하고(語)

침묵하며(默)

움직이고(動)

고요히 함(靜)

즉 때마다 알맞은 언행을 하며
걸리지 않고 살아가는 것.

하향평준화(下向平準化)

아나운서들이 방송에서
'하나도 없다'를 '1(일)도 없다' 하고
박사라는 이들이 방송강의에서
'아무것도 없다'를
'0(영)도 없다'고 하는구나.

모든 것이 아래로 내려와 바닥에 깔린다.
눈 내리는 풍경.

목적과 수단

물을 건너는 것이 목적인 사람은
다리의 품격을 따지느라 지체하지 않는다.

◼

라오스 방비엥에서
숲속에 있는 폭포를 찾아가는 길에 있는
계곡 건너는 나무다리.
2011년 10월 14일 촬영.

상대를 잘 아시나요?

어떤 이가 죽을힘을 다해 높은 산에 올라
미리 준비해 챙겨 간 차를 마시고 있는데
산 아래에서 친구가 전화를 해 묻기에
산꼭대기에서 바람 쐬며 차 마신다 했다네.
전화를 건 친구가 화를 내며 말하길
땀 흘리며 산을 오르느라 힘들어하는
이 많은 사람들을 생각지도 않느냐.
그대는 땀 흘리지도 않고 혼자 차를 즐긴다니
그 바람이 시원하며 혼자 마시는 차가 맛있느냐.
산 위의 친구는 말없이 전화를 끊고 말았다네.

** 땀 흘리지도 않고 노력하지도 않았으면서 정상에
    오른 사람은 아무도 없는 법.

1999년 10월 22일 중국 황산 연화봉 아래에서
땀을 식히며 도반들이 오기를 기다리던 모습.

허물

1985년 중앙승가대학교 서화전을 할 때였다. 아주 높은 분이 오셨다고 특별히 부탁하기에 안내를 맡게 되었는데, 이 높은 양반 그림마다 허물을 지적해 나갔다. 마침 붉은 경면주사(鏡面朱砂)로 그린 국화 앞에 이르자 또 잘못을 지적했다.

"국화를 어떻게 붉게 만들어 놓나!"

"어떻게 친 국화가 잘 되었다고 생각하십니까?"

"먹으로 친 국화라야 사군자답지요."

"선생님 댁에는 검은 국화만 피나 보죠?"

다음 순간 높은 분의 얼굴에 붉디붉은 국화가 피어났다

60

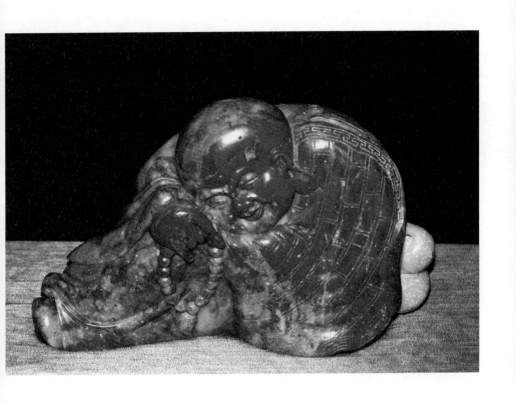

■

모든 사람들의 근기에 맞춰 지도한
선지식 중의 한 분인 계차(契此)스님.
흔히 포대화상(布袋和尙)이라고 하며
미륵의 화현이라고도 함.
명대(明代)에 조성된 계혈석(鷄血石) 포대화상.
개화사 소장.

맑음의 차이

흙탕물 가만두면 비록 맑게 보이나
잠깐만 저어도 뿌옇게 되고 말지만
찌꺼기 걸러져서 깨끗해진 물이라면
아무리 저어도 맑은 상태 그대로지.
마음 상태 맑다는 것도 그와 같아서
맑은 듯 보임과 완전 맑음은 다르네.

■

맑은 물은 급히 흘러도 여전히 맑다.
해인사 홍류동 계곡의 물.
정도스님 사진.

저울과 잣대

혹여 자신의 곁에

저울과 잣대가 있더라도

남을 재거나 달아보지 말자.

어리석으면 타인만을 재거나 달아보며

중간 수준은 자신과 남을 재고 달아보며

지혜로운 사람은 자와 저울을 단박에 버린다.

** 무분별지(無分別智 : 차별적분별을 넘어선 깨달
은 경지의 지혜)의 분별, 즉 깨달아 지혜로운 이의
사리분별은 괴로움을 만들지 않기에 지극히 자연
스러운 것입니다. 깨달아 지혜로운 이가 때로는
멍청하게 보이기도 하지만, 결코 멍청하지 않습니
다. 일부러 분별하려고 애쓰는 것이 아니라 있는
그대로 보는 것입니다.

목부행자(牧夫行者) 일장(日藏)스님의 작품.

두두물물동유천진(頭頭物物同遊天眞)

쓸데없이 차별하는 마음을 놓아버리면

세상 모든 것이 순수한 제 모습으로 어울린다는 뜻.

조화로운 삶

꽃도 생존을 위해 부단한 노력을 합니다.
부질없이 다른 꽃과 경쟁하지는 않습니다.
그저 때가 되면 피고 지고 하는 것이지요.
사람들은 대체 누굴 위해 저리도 싸울까요.
승자를 봐도 그리 행복해 보이진 않습니다.

■

지난 늦여름에 심어진 뒷산자락 정원의 라일락이
곱게 꽃을 피우고 있다.

함께 하는 삶

정보만으로 안다고도 합니다.

스쳐 지나면서 안다고도 합니다.

하지만 삶은 함께 하는 것입니다.

■

2019년 3월 28일
중국 호남성다엽집단복분유한공사의
차 시험재배지에서 사진 촬영하는 모습.

세상의 주인

사대육신 쉼 없이 변하고
인식작용 멈춤 없이 흐르지만
그 가운데 맑고 영롱함 있나니
그 도리 안다면 세상의 주인이리.

불을 밝힌 개화사 앞 가로연등.

위한다는 것

머리에 예쁜 리본을 하고 목에 방울을 단 강아지 한 마리가 놀러 왔기에 잠시 얘기를 나누었다.

"너는 참 좋은 주인을 만났구나. 리본도 해주고 방울도 달아주며 신경을 써주니 얼마나 좋으냐?"

"뭘 모르시네. 그거야 자기들 좋아서 하는 일이지 저를 위한 건가요? 괜히 귀찮기만 하지요."

"아니 그럼 다 떼어버리지 그러냐?"

"답답하시기는! 사람들이란 자기들이 한 일이 무조건 옳다고 생각하는데, 만약 이걸 떼

어버린다면 당장 '몹쓸 개새끼!'라고 화를
낼 걸요. 그만한 일에 화내는 걸 보면 불쌍
하잖아요. 그래서 제가 참는 답니다."
도대체 누가 누굴 위하는 것일까?

개화사 처마 아래 팔각등.

물 흐르듯

법(法)이라는 한자를 풀어보면 물 수(水)와 갈 거(去)의 합성어이다. 즉 물이 흘러가듯 가장 자연스러운 것을 뜻한다. 그래서 불교에서는 진리라는 뜻으로 이 글자를 쓴다.

그렇지만 인위적 통치 수단으로 만들어진 법(法)은 가장 자연스럽지 못한 것 중의 하나가 되기도 한다.

그것이 불교의 진리라는 불법(佛法)이건 국가가 정한 수많은 법 조항이건 있는 듯 없는 듯 평화로워져서, 모든 이들이 편안하게 물 흐르듯 살 수 있으면 좋겠다.

때가 되면 꽃이 피고 꽃이 진다.
개화사 무량수전의 풍란.

변명

성공한 사람은 간단한 답을 한다.
"최선을 다해 마땅히 할 일을 했을 뿐이다."
실패한 사람은 수만 가지의 변명을 가졌다.
변명하는 자는
자신이 무엇을 잘못했는지 모른다.

최선을 다해 가꾸고 최선을 다해 꽃을 피운다.

농사짓기

농사짓는 이가 씨 뿌리고 김을 매고 거름을 주는 등 오랜 노력 끝에 결실을 거두는 것은 너무나 당연하다. 이 당연한 인과를 어기면 좋은 결실을 기대하기는 어렵다.

그렇다고 열심히 노력하는 것만이 능사는 아니다. 잡초인지 채소인지를 모른 채 열심히 가꾼다고 좋은 결실 거둘 수 없다.

눈앞에 있는 식물이 독초인지 약초인지를 모른 채 무조건 먹는다면 죽음을 초래할 수도 있다.

논을 가는 농부.
각자의 농사를 잘 짓고 있는 것일까?

물주기

분명 물주는 것을 보았는데 나무가 마르고 있었다. 지표면에만 물을 주었던 모양이다. 땅속 깊이 물이 스미도록 오래 반복해서 물을 주었더니 몇 시간 후 나뭇잎이 기운을 차리기 시작했다.

땅과 나무의 원리를 잘 모르는 이들은 지표면에 물이 흐르면 물을 충분히 준 것으로 착각한다. 하지만 땅을 파보면 몇 cm 속은 바싹 말라 있다. 뿌리에는 물이 들어가지도 않은 것이다. 나무 둘레에 웅덩이를 파서 물이 고이게 한다거나, 지표면에 물이 흐르면 멈추었다가 다시 주기를 여러 번 되풀이해야만 비로소 물이 뿌리에 도달한다.

지표면을 적시는 물주기와 같은 것이 지식 탐구이고, 뿌리까지 충분히 물이 도달하게 하는 것이 지혜 발현이다.

지표면에 매일 물을 주는데도 나무가 마르는 것은 지식 탐구를 위한 노력을 많이 하는데도 괴로움을 없애지 못하는 것과 같고, 물이 뿌리에 도달할 때까지 충분히 물을 주면 금방 나무가 되살아나는 것은 지혜 발현으로 괴로움을 없애고 삶을 빛나게 하는 것과 같다.

지혜 발현을 위해 정진하는 불자들.
개화사 무량수전.

교정(校正)

출판을 하기 전에 교정을 보는데, 횟수가 많을수록 잘못도 많이 바로잡아진다. 그런데 한 사람이 여러 번 교정을 보면 앞에서 바로잡지 못한 잘못을 지나치기가 쉽다. 그래서 반드시 여러 사람이 돌아가며 교정을 본다.

처음 금강경을 출판할 때 교정을 보는 데만 1년 이상이 걸렸고, 출판사 설명으로는 수십 번 교정을 봤다고 했다. 물론 나도 교정을 여러 번 봤다. 하지만 출판된 후에 역시 잘못된 곳이 나왔다.

눈에 보이는 글자나 문장을 바로잡는 것도 이렇게 어려운데, 하물며 잘못된 생각이나 관념을 고치는 것은 또 얼마나 어려운가. 그래서 『금강경』에서는 온통 관념(相)을 깨야만 참된 모습(實相)을 볼 수 있다고 말씀하신 것이다. 해탈은 자신의 관념으로부터 자유로워지는 것이다. 그것이 어려우면 선지식의 도움을 받을 일이다.

삶에도 교정이 필요하다.

■

비 오는 날 앞뜰에서 촬영한 백일홍.
백일홍(배롱나무)이 백 일 동안 꽃이 피어있는 듯하
지만, 많은 꽃송이가 피고 지는 것을 되풀이하기에
계속 피어 있는 것처럼 보이는 것.

대접(待接)

상대에게 최고의 차를 대접하는 사람은
자신 역시 그 최고의 차를 마시게 된다.
상대가 밉다고 형편없는 차로 접대하면
자신도 그 형편없는 차를 마셔야 한다.

■

만든 지 100년이 넘는 최고의 보이차.
복원창(福元昌)을 우린 찻물.

정말 그럴까?

"스님, 이해하기도 어려운 선어록(禪語錄)
을 뭘 그리 힘들게 강의하십니까.
페이스북에까지 올리시고 …?"
"선생 눈에는 개화사 신도들이
까막눈으로 보입니까?
페이스북 친구들이 모두
멍청이라고 생각하십니까?"

■

부처님 오신 날을 준비하는 개화사 불자들.
이들이 하고 있는 것은
단순 봉사가 아니고 수행이다.
2019년 자명거사님 촬영.

돌이키기

꽤나 험준한 산 오르는 이를
망원경으로 지켜보던 이가 말했다.
"저 친구 아직도 겨우
9부 능선밖에 오르지 못했네."
허 참! 제가 선 자리는
산의 초입 평지인 걸 모르나 보네.

■

중국 황산의 연화봉(1864m).
1999년 당시 좁고 험한 소로를 통해 까마득한
연화봉 정상에 오르는 나를 보고
"참 힘들게 산다"고 말한 이들이 많았다.
정상에 올라야 사방을 동시에 다 볼 수 있다.
1999년 10월 22일 촬영.

지혜의 안목(智慧眼目)

요즘 세상에는 도인이 없다며 실망하는 사람은 도인을 알아보는 안목이 없음을 실토한 것이다.
자신에게 안목 있다면 굳이 도인 찾을 것 없고 스스로 도인 역할 하면 되나니 실망할 것 없다.

지도를 받고 싶어 도인을 찾아다녔음에도 자신을 지도해 주는 이가 없어 실망했다면 스스로 준비가 되어있지 않았기 때문이다.
그러니 실망할 시간에 먼저 정진할 일이다.

■

인도 보드가야 대탑에서 오체투지하는 티베트스님.
목숨을 던져 정진하면
도인이 눈앞에 나타날 것이다.
2009년 12월 6일 촬영.

누구의 허물인가?

"왜 스님과는 맞지도 않은 이를 페이스북 친구로 받아주고 그의 글에 '좋아요'를 표시합니까?"

"그가 내 친구가 되길 원해서 받아주었고, 또 그가 내 글에 '좋아요'를 표시하기 때문입니다. 그의 모든 뜻이 좋다는 것이 아니라 그의 뜻을 존중한다는 표시랍니다."

"그래도 사람을 가려서 받아주는 것이 좋지 않겠습니까?"

"그렇게 하려면 선생부터 '친구 끊기'를 해야 하겠는데요."

"…."

인도 갠지스 강변의 새벽.
어떤 이는 인도를 가난하고 더러우며
다시는 가고 싶지 않은 나라라고 하고
또 어떤 이는 신비하고 매력적이고
계속 가고 싶은 나라라고 한다.
2017년 2월 16일 촬영.

너무 화려한 것

화장실을 고치며 새로 바꾼 스텐이
너무 반짝이기에 도금을 의심했었다.
그러나 설비하는 이가 스텐이라기에
보다 좋은 재질의 신제품인가 했다.
청소를 하며 염산으로 때를 닦는데
스텐의 반짝임이 사라지고 검게 변했다.
어떤 사람은 정말 말을 잘해서
순식간에 사람의 감성을 움직인다.
허나 잘 살피면 빈말일 경우가 많다.
비록 말주변이 없어 어눌하더라도
그 말에 진실함과 성실함이 있다면
점차 듣는 이들의 마음을 얻을 것이다.

화장실 바닥 물 빠지는 곳 제품 .
설비업자도 스텐이라고 자신 있게 말했지만
결국 도금임이 밝혀졌다.

허물

자신에게서
풍기는 악취를 정작
본인은 잘 모르는 경우가 많다.

■

땀에 절어 냄새나는 방석을 세탁하여 말림.
개화사 마당.

99

진짜 맛

수저는 늘 음식을 만나지만 그 맛을 모르고
수레는 금괴를 매일 날라도 바퀴만 닳을 뿐
울타리 밖 종일 오가도 약초를 얻진 못하고
깨침 없이 성현 말씀 읊조리면 입만 아프네.

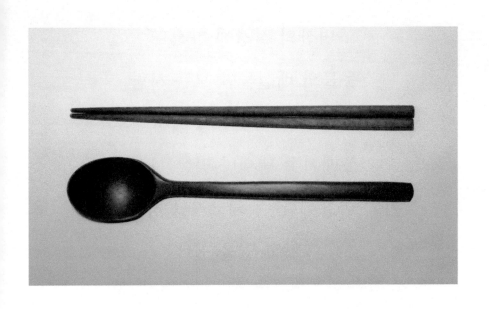

숟갈과 젓가락이 도구일 뿐이듯
수많은 성현 말씀도 도구일 뿐.

하필이면

명산의 절경에 가서도
동물의 배설물만 보는 사람
향기롭고 멋진 곳에서
쓰레기통 냄새나 맡는 사람
자기 마음에 무슨 해코지를 하는지를
알고 있을까?

∎

동림사에 핀 흰 동백.
여기서도 시든 꽃을 홍보려나.
2020년 11월 10일 촬영.

자유로운 사람

세계 최고의 식당 메뉴를 다 외워도

직접 먹어보지 않으면 소용이 없고

요리의 레시피를 알고 있다고 해도

만들어 먹지 않으면 음식이 아닌 것

대장경을 다 외워도 이해하지 못하면

복잡한 이론에 불과한 것일 뿐이라.

가르침이 자신의 삶이 되게 해서

깨달음에 이르면 비로소 자유로우리.

편안하고 즐거운 모습의 대만 불광사 동자상.

뜻이 좋다고 결과까지야

맑은 시냇가에서 자연 보호한다고
물티슈로 흙 묻은 손을 닦는 사람

울창한 숲에서 자신을 보호한다고
마스크를 쓰고 숨을 몰아쉬는 사람

녹차를 마시면서 더 즐기겠다고
달콤한 초콜릿을 계속 먹는 사람

뜻이야 나쁘달 것 없다고 하더라도
과연 그 결과가 그의 뜻처럼 될는지.

■

여행 중 연기를 감지하는 센서가 설치된
호텔 금연층 방에서 침향을 피우면
가끔 직원이 확인하러 와서는 미소를 짓기도 했다 .
2017년 6월 18일 스웨덴 스톡홀름의 호텔방에서
헌향하고 예불하던 장면.

두려움의 원인

두려움을 모르는 용감한 장군이 있었다. 싸움터에 나가면 목숨 따윈 초개같이 여겼기에 그 어떤 전쟁이라도 승리할 수 있었다.

이 용감한 장군은 골동품을 유난히 좋아하여, 전쟁이 없을 때면 집에서 골동품을 감상하는 것이 가장 큰 기쁨이었다.

어느 날 진귀한 잔 하나를 감상하던 중 아차 실수로 떨어뜨려 깨뜨릴 뻔했다. 너무나 놀라 온몸에 식은땀을 흘리던 장군은, 잠시 후 그렇게도 아끼던 잔을 미련 없이 던져버리며 혼잣말을 했다.

"목숨이 위태로운 전쟁터에서도 두려움을 모르던 내가, 작은 잔 하나에 집착하여 두려움을 일으키다니…"

그런데 이 친구 진짜 집착에서 벗어난 것일까? 잔에 무슨 잘못이 있다고 깨어버리는가? 초월이란 세상을 부숴버리는 것이 아니라 스스로가 편안해지는 것이다.

110

■

한산(寒山)과 습득(拾得)이
주고받는 말이나 행위는
일반 사람들의 눈에는 미친 듯했다.
그러나 그들 스스로는
마치 연꽃이 물에 있는 것 같았다.

화엄대선사(華嚴大禪師)의
한산습득(寒山拾得) 연화재수(蓮花在水).

준비된 사람

엄니(길게 나온 이빨)를 갈고 있는 멧돼지를 보고 여우가 비아냥거렸습니다. "사냥꾼이 쫓고 있는 것도 아니고, 아무런 위험도 없는데 왜 엄니를 갈고 있담?"

멧돼지가 정색을 하고 말했습니다. "만약 위험이 닥친다면 그땐 엄니를 날카롭게 할 시간이 없지 않은가. 그러니 엄니는 늘 써먹을 태세를 갖추고 있어야 하는 거라네."

삶에 있어 고뇌는 늘 예고 없이 나타나기 마련입니다. '지혜'라는 엄니가 잘 정비되어 있다면, 어떤 상황이 전개되더라도 자유롭고 편안할 것입니다.

■

항상 위험을 경계하는 미어캣(Meerkat)처럼
망상이 일어나지 않게 할 수 있다면
언제나 자유롭고 편안할 것이다.

참된 마음공부

"내가 불경 또는 성경을 공부했더니 내 마음과 내 삶이 이렇게 달라졌습니다."

 이렇게 글을 쓰거나 말씀하시는 분들은 정말 경전을 제대로 공부한 것이고 참된 마음공부를 하신 분들입니다. 그들의 말은 항상 온화하고 화합적이며 즐겁습니다. 그들의 행위는 늘 편안하고, 그들의 얼굴에는 미소가 떠나지 않습니다.

스스로 자신의 행복을 만드는 분들이지요.

■

2008년 부처님 오신 날에 편안한 얼굴로
즐겁게 봉사하는 개화사 불자들.
평소 참선수행, 염불정근, 예참봉행 및
경전공부를 열심히 한 결과를
지혜로운 실천으로 보일 뿐.

훌륭한 안내도

예전 낯선 시골에서 길을 물었더니 답이 간단
했다.

"길 따라 쭉 가요!" "얼마나 걸릴까요?"
"금방 도착해요!" 그런데 이 말만 믿고 가
다 보니 길에는 무수한 갈래가 나왔고, 겨우
찾긴 했는데 몇 시간이 걸린 뒤였다.

미지의 장소를 찾아갈 때는 안내도를 준비
한다. 길을 잃으면 위험해지기 때문이다.
하지만 이 안내도가 여행자를 그냥 목적지
에 데려다 주는 것은 아니다. 여행자는 순간
순간마다 최대의 집중력으로 길을 찾아가야
한다.

116

불교 경전은 해탈의 길로 안내하는 최상의 안내도이다. 그러나 아무리 좋은 안내도라도 그것만 가지고 놀면 제자리걸음 할 수도 있다. 만일 먼저 길을 가본 선지식이 있다면 경전만 읽고 있겠는가 아니면 선지식 도움을 받겠는가.

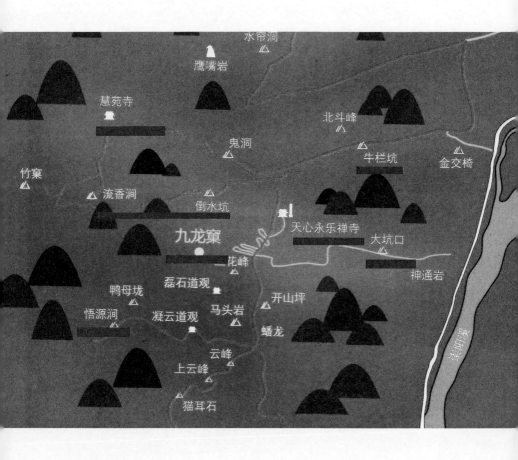

水帘洞

鹰嘴岩

慧苑寺

北斗峰

竹窠

牛栏坑

金交椅

流香涧

鬼洞

倒水坑

九龙窠

天心永乐禅寺

大坑口

二花峰

神通岩

鸭母坑

磊石道观

马头岩

开山坪

悟源涧

凝云道观

蟠龙

云峰

上云峰

猫耳石

崇阳溪

118

■

청차(靑茶)를 좋아하는 분이라면 다 아는
무이산의 정암(正巖)지구 안내도.
대갱구(大坑口)와 우란갱(牛栏坑)과
혜원갱(慧苑坑)의 삼갱(三坑)지역,
유향간(流香涧)과 오원간(悟源涧)의 양간(兩澗),
그리고 구룡과(九龙窠)의 핵심지구 안내도.
평면도이니 조심할 것.

다인(茶人)의 품격

자칭 '차 전문가' 또는 '차의 대가'라고 하는 이들의 방문을 받을 때가 많았다. 어떤 이는 차를 마시는 동안 차에 대한 모든 지식을 펼쳐 놓는다. 그리고 우리나라 차 업계를 다 꿰고 있다는 듯 차 만드는 이들을 평가했다. 대개는 좋지 못한 부분을 주제로 삼는 경우가 많았는데, 어쩌면 그리도 잘 아는지 감탄을 금치 못할 정도였다. 그래서 몇 가지 질문을 했더니 엉뚱한 결과가 나타났다.

"그분을 잘 아세요?"

"아닙니다."

"그분이 만든 최고의 차를 다 마셔 보셨습니까?"

"아니요."

"차를 만들 때 동참하셨습니까?"

"아니요."

"아까는 잘 아시는 것처럼 말씀하셨는데요?"

"아, 전해들은 말들에 의하면 그렇다는 것입니다."

■

개화사 토요참선법회의 2부 다회(소리향차법회)에
참석하여 자신을 살펴 들어가는 불자들.

깨어 있다는 것

"저는 늘 깨어 있어 모든 것을 잘 살핍니다."

"어떻게 하시는데요?"

"길을 갈 때도 이것은 보도블록이다, 저것은 가로수다, 저긴 마트이고, 여긴 커피를 파는 집이다. 식당에 갔을 때도 이 집 국수는 참 맛있다, 주인이 멋쟁이다, 반찬은 별로다 등등 모든 것을 잘 살핍니다."

"그럴 때 기분은 어때요?"

"마음에 들면 기분 좋고 마음에 들지 않으면 기분이 나쁘지요."

"그것들이 당신 마음을 가지고 노는군요. 끌려다니는 것입니다."

"······."

124

■

언덕 위의 포탈라궁(布達拉宮)과
연못에 비친 포탈라궁,
그리고 사진기에 잡힌 포탈라궁과 그 그림자.

꼭꼭 씹는 맛

남의 흉을 가지고 계속 씹으면 쓴맛으로 바뀌는데, 밥은 씹을수록 달콤해지고 향기로워진다. 그런데 씹을수록 천만가지 맛을 내는 것이 있다. 바로 부처님의 말씀이다. 부처님의 말씀이라 …….

처음엔 아예 맛을 못 느낄 수도 있지. 그래서 이빨이 아주 강해야 한다. 아니다! 턱이 강해야 하는구나! 사정없이 깨물고 잘근잘근 씹다 보면 서서히 묘한 맛을 느낄 수 있을 게야. 바로 그게 시작이지. 일단 맛을 알고 나면 세상에 그런 진수성찬이 없걸랑.

대체로 맛있다는 음식도 몇 번이면 질리는데, 이건 평생을 씹어도 언제나 새로운 맛이니까!

참, 이빨도 안 들어간다는 말 들어보셨는지. 이게 화두를 두고 하는 말이지. 그 화두가 무슨 맛이냐고? '아주 쓴맛'이지. 이빨 아주 센 놈이 있어 씹어 먹으면 어떻게 되냐고? 그냥 죽고 말아. 그걸 적멸(寂滅)이라고 하지.

2011년 성도재일.
철야정진법회
(밤을 새며 공부하는 법회)에서
좌선을 하는 개화사 불자들.

갇히고 싶을까?

사람들은 자기중심적인 관념, 인간중심적인 관념 등 무수한 관념을 가지고 산다. 이 관념은 결국 자신을 가둬버리는 보이지 않는 감옥처럼 자유롭지 못하게 하여 괴로움을 만들어 버린다.

아무리 좋은 황금도 그 가루가 눈에 들어가면 눈병이 생긴다. 만약 황금으로 감옥을 만들어서 가두면, 갇힌 사람은 행복해할까? 아무리 좋은 성현들의 말씀도 자신을 편안하고 자유롭게 만드는 도구로 활용하지 못하면 오히려 그 말씀 속에 갇히고 만다.

중국 오대산의 황금빛 전각.
평생 이 전각 안에서만 살라고 하면 행복해할까?

우담바라

우담바라는 산스크리트어 Uḍumbara(優曇鉢華)를 발음대로 옮긴 것이다. 경전에서는 3,000년에 한 번 피는데, 이 꽃이 피면 여래(如來)께서 나타난다고 했다. 그래서 불교에서는 아주 드물고 희귀한 것을 비유할 때 우담바라를 인용한다.

우담바라는 인도와 스리랑카를 중심으로 자생하는데, 뽕나무과 무화과나무속으로 분류된다. 꽃은 매년 피지만 자루 모양으로 발달한 꽃받침의 안쪽에 아주 작게 촘촘히 피어 있기 때문에 바깥에서는 볼 수 없다. 그것이 점차 자라면서 이윽고 먹을 수 있는 열매가 되는 것이다. 노랗게 익은 열매는 지름 3cm 정도이다.

사촌격인 무화과로 설명해 보자. 무화과는 우리가 열매라고 보는 것이 꽃이기도 하다. 다만 자루 모양의 꽃받침이 에워싸고 있어서 열매처럼 보인다. 어릴 때 무화과를 쪼개 보니 그 안에 흰색과 붉은색이 섞인 꽃이 있었다. 그때 '꽃이 보이지 않을 뿐 없는 것은 아니네.'라고 생각했었다. 호기심으로 꽃을 먹어보니 혀가 아려서 바로 뱉어버렸다. 그런데 시간이 흐르면서 이 쓰고 아린 꽃이 맛있는 열매가 된다.

우담바라가 피면 여래(如來)께서 나타난다
고 했는데, 정확하게 표현하자면 우담바라
의 꽃을 본 사람은 여래(如來)라는 뜻이다.
즉 자신을 깨달은 이가 우담바라이다. 처음
부터 우리에게 있던 불성이 꽃피고 익어 성
불이라는 열매를 맺는 것이다.

우담바라를 보지 못하는 것은 자신의 깊은
내면을 보지 않고 번뇌를 보기 때문이다. 그
래서 우담바라의 축소판처럼 보이는 풀잠자
리의 알을 우담바라로 보는 안타까운 일이
벌어지는 것이다.

익은 무화과를 쪼갠 것.

아름답고 향기로운 사람

내뿜는 숨길에서 역한 냄새가 느껴진다면
입이나 장이 좋지 못한 상황일 것이고
말이나 글에서 분노 비난 저주가 보인다면
마음이나 정신이 정상적인 상태는 아닐 터.
그렇지만 밖으로 치닫던 그 마음을 돌이켜
쉼 없이 자신을 살펴 평정심을 유지한다면
글이나 말이 아름답고 향기롭지 않겠는가.

첨차(檐遮, 添差)와 불벽(佛壁)의 단청(丹靑).

닮고 싶지 않은가.

죽비(竹篦) 하나

1967년 한겨울 4박5일의 수련대회

날마다 몇 시간씩의 좌선과 기도

저녁마다 1천배 예참에 파김치 된 몸

마지막 밤을 새운 3천배의 예참으로

500명 학생들 힘들어 비틀거렸지만

별빛 같은 눈 허공 같은 마음이었지.

그날 이후 도반이 된 맑은 죽비 소리

텅 빈 마음에 늘 천둥처럼 울리고 있지.

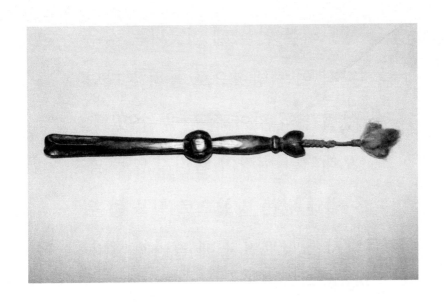

■

1980년에 선물로 받아 40년 넘게 늘 곁에서
도반 같은 역할을 하고 있는
오백 년 된 집 기둥이었던 오동나무로 만든
죽비(竹篦).
누구나 다 자신을 일깨우는 죽비 하나쯤은
지니고 있겠지.

물러나 살피기

병뚜껑을 닫을 때 어긋나는 경우
다시 여는 방향으로 돌려 본다면
아귀가 꼭 맞아 잘 닫을 수 있다.
오래되어 뚜껑이 열리지 않을 때
이번엔 닫는 방향으로 힘을 준 뒤
다시 열어보면 쉽게 열리게 된다.
어떤 일 꼬여서 풀리지 않을 때는
다른 생각과 방법이 해법이 된다.

** 6년간 고행을 했어도 깨닫지 못하자 고타마는 방
   법을 바꾸었다. 지나친 고행을 멈추고, 밖에서 해
   법을 찾던 것도 그만두었다. 몸을 추스른 후 고행
   림에서 보드가야로 장소를 바꾸었다. 풀을 베던

길상이라는 청년에게서 풀을 얻어 보리수 아래에
자리를 만들고 가부좌를 튼 후 안으로 안으로 깊
이 선정에 들었고, 이윽고 빛나던 자신의 별을 보
고 깨달았다.

싯다르타께서 길상이라는 청년에게
깔고 앉을 풀을 얻는 장면.

진짜 실력

1986년 도봉면허시험장, 나는 1급 운전면허 주행시험장에서 순번을 기다리고 있었다. 바로 앞에 몇 사람이 모여 있는 가운데 한 사람이 열심히 주행시험 합격의 노하우를 설명하고 있었다. 참 친구를 위한 우정이 깊다고 생각하면서 나도 열심히 설명을 경청하였다. 합격통지를 받고 나오는데 설명하던 이가 시험장에 들어서더니 오르막길 일단 멈춤 후 재출발에서 차가 뒤로 미끄러지면서 불합격 불이 들어왔다. 그가 나올 때 접수증을 보니 인지(印紙)가 잔뜩 붙어있었다. 대충 여덟 번 정도 떨어졌던 모양이다.

세상에는 이런 사람들이 많아 보인다. 말만 들어보면 완전 전문가인데, 그의 삶을 보면 엉망인 사람들이 있다.

남을 가르치려면 자신부터 실천해서 깊은 체험을 하여 특별한 경지에 이른 뒤에 할 일이다.

개화사 참선수행 법회인 호선회(好禪會) 회원들의
좌선하는 장면.

장애

신체에 장애가 있다면 생활에 불편한 점이 많다. 내 주변에도 신체적인 장애를 가진 사람들이 있고, 나도 신체적인 결함을 잘 다스리면서 수행해 왔다.

루브르의 비너스상과 모나리자는 미의 상징이다. 두 팔과 눈썹이 없지만 장애인이라 깔보지 않는다.

사람들을 늘 괴롭게 하는 것은 마음의 장애이다. 마음이 편협하거나 치우친 사람들은 늘 괴롭다. 그로 인해 세상까지도 어지럽게 만들어 버린다.

마음의 장애에서 벗어나는 것을 해탈이라
하고 장애 없어 늘 편안한 이를 깨달은 이라
고 한다.

■

(좌) 눈썹이 없는 모나리자.
(우) 두 팔이 없는 비너스상.

쓴맛마저 즐기기

차를 아주 진하게 우리면 쓰고 떫다.
입에 맞지 않는다고 곧바로 뱉으면
뒤에 올 단맛과 향기로움도 사라진다.
늘 그렇게 마실 것까진 없지만 가끔은
그런 방식으로 차를 강하게 마시면
입안도 맑아지고 정신도 쇄락해진다.
삶이라는 것도 차를 우리는 듯하여
때로는 너무 쓰고 떫어 힘들 수 있다.
하지만 그것을 잘 삼켜 소화시키면
뒤따르는 단맛과 향기도 느낄 것이다.
너무 단맛에 길들여져 찾아다닌다면
자신도 모르게 온갖 병마가 뒤따른다.
몸의 병도 마음의 번뇌도 자기 몫이다.

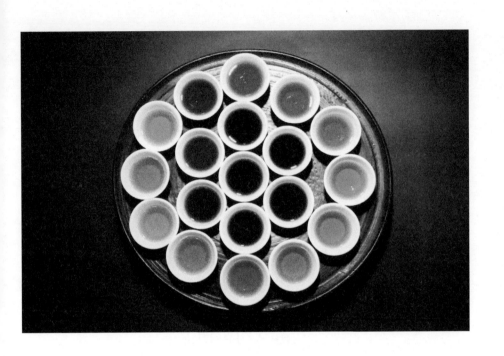

■

건리정 송빙호(宋聘號)의 찻물 색.
가운데서 시작해 시계 진행 방향으로 계속되면서
바깥쪽으로 진행됨.
쓴맛 단맛 떫은맛 짠맛 신맛을 모두 느낄 수 있음.

앉았던 자리 깨끗하게

잘못을 반조하며 절할 때

묵묵히 온몸 받아주고

깨달음을 위한 긴 시간 좌선할 때

받쳐주는 방석

늘 먼지를 털고 수시로 빨아

냄새를 없애야 한다.

하물며 세상 온갖 것 다 받아들이는

마음이라면

스스로 늘 비우고

맑게 해야 하는 것 아니겠는가.

하기야 본래 청정한 본성자리

깨달으면 더 좋지만.

■
여름 내내 땀을 받아준 방석을 빨아
햇볕에 말리는 모습.
2017년 9월 개화사 마당.

각질 제거하기

나이가 들면 발뒤꿈치에 각질이 생기고
대개 그 각질을 제거하기 위해 노력한다.
같은 종류의 생각을 오래 하다 보면
그 생각이 각질화되어 관념이 된다.

발바닥 각질은 잘 보이기에 제거하는데
관념은 스스로 잘 보질 못할 뿐만 아니라
본다고 해도 제거하는 방법을 모른다.

선불교에서 '놓아라'라고 강조하는 것은
자신의 관념에서 벗어나라는 것이다.
그래야만 진실을 볼 수 있기 때문이다.

■

해산큰스님의 오도송 첫 구절을 새긴 편액을
살펴보는 장면.
내가 선원에 다니던 1970년대 부산 광성사.
제망라포무비수(帝網羅捕無鼻獸)
인드라 그물로 콧구멍 없는 짐승을 잡는다.
이는 부처님의 진리가 중생을 해탈시켜
본성을 깨닫게 한다는 뜻.

주연(主演)과 엑스트라(extra)

자신의 삶에 누군가를 주인공으로 설정해
두었거나 무엇인가를 삶에 가장 중요한 것
으로 정한 이가 있다.

그들은 스스로를 중요하지 않은 엑스트라라
고 여긴다. 하지만 스포트라이트를 받지 않
아도 자신은 자신이다.

세상에는 자신을 대체할 것이 아무것도 없
는 것이다.

자신의 지혜가 자신을 비추는 찬란한 빛이
되게 하자.

이 세상 모든 것은 그 존재하는 이유가 있는
것이다.

152

■

돈황 막고굴 257굴 서벽 병(柄)향로를 든 천녀(天女).
본디 큰 불화에서는 잘 보이지 않는 작은 부분이지만,
지금은 이 그림이 가장 중요하다.

남겨진 향기(殘香)

중국 복건성의 무이암차(武夷岩茶)나 대만의 고산오룡차(高山烏龍茶)를 마실 때면 보너스처럼 즐길 수 있는 향이 있다. 찻잔의 차를 다 마시고 몇 초 후에 빈 잔을 들고 코에 가까이하면 기기묘묘한 향들이 올라온다. 지극하게 정성을 다한 다인의 마음처럼 고아한 향이 찻잔에 남아 있으니, 얼마나 아름다운 일인가. 잘 만들어진 차의 맛과 향은 그 여운이 아주 길다. 극품의 무이암차나 대만의 오룡차일 경우 마시는 즐거움도 아주 크지만, 빈 잔만 가지고도 십여 분 이상 즐길 수 있으니 얼마나 아름다운 일인가.

이 잔향을 즐길 때마다 늘 생각하는 것이 있다. 내가 어떤 모임에서 자리를 뜬 후에 남겨진 향기는 어떠할까? 그것을 생각하면 낱낱의 언행에 얼마나 품격을 갖춰야 하는지를 다시 살피게 된다.

종교를 비롯한 모든 분야의 지도자는 그 언행에 품격을 갖춰야만 멋지게 보인다. 그저 감정 내키는 대로 말하고 행동하면 자신의 기분이야 좋아질지 모르지만, 다른 사람들에게는 비릿하고 고약한 악취만 남겨질 수 있다.

자신이 앉았다 떠난 자리에 좋은 향기가 남겨진다면, 그 사람은 참 잘 살았다고 할 수 있지 않을는지.

■

중국 강서성공예미술대사(江西省工艺美术大师)인

만경(萬慶, 万庆) 선생이

옥이나 마노 등의 가루인 석채(石彩)로

빚어 만든 찻잔.

놀보의 화초장

놀보(놀부)가 흥보(흥부)의 화초장을 빼앗
다시피 얻어 직접 지고 가다가 도랑을 건넌
뒤 이름을 까먹었다. 그래서 '장'이 붙은 이
름을 떠오르는 대로 말하는 대목이 나온다.
간장 된장 고추장, 초장화 장초화 장화초 등
등을 말하는 대목이 있다. 우스운 장면이긴
하나 그래도 놀보는 등에 화초장을 지고 있
다. 곧 제대로 된 이름을 알게 될 것이다.

요즘에는 완전히 잘못된 정보를 귀동냥한
후에 전문가인 체하는 이들이 너무 많다. 이
런 경우 스스로도 공부를 하지 않을 뿐 아니

라, 타인들에게도 잘못된 정보를 제공하는 꼴이 되니 모두에게 손해다. 물론 자신에게 전혀 소득 없음은 말할 것도 없다. 공부하는 사람은 솔직하다. 잘 모르는 것은 잘 모른다고 하고 보지 못한 것은 보지 못했다고 한다. 그런 솔직한 사람들이 내게 도움을 청하면 성심껏 가르쳐 주거나 체험케 해준다.

반대로 완전 아마추어인데도 대가인 체하는 사람이 찾아올 경우, 예전에는 바로잡아 주려고 했는데, 칠순의 나이가 되다 보니 그저 웃고 지나치는 경우가 많다.

안숙선 명창이 흥보가를 열창하는 장면.
자료사진.

때를 기다림

나무들이 가뭄을 타는 듯해서 몇 차례 물을 주었다. 큰 나무와 비 가리개 아래에 있는 작은 영산홍에게도 사랑을 담아 흠뻑 물을 주었더니 감사의 인사를 했다. 다른 영산홍보다 한 달이나 늦은 지금 꽃을 피웠다. 그 앙증맞은 꽃송이들을 보면서 참으로 고마웠다.

비록 환경이 열악하더라도 포기하지 않은 생명력으로 감추고 있던 그 아름다움을 마침내 드러내는 열정이 대견했다.

움직일 수 없는 식물도 그러하거늘, 무한한 잠재력을 갖춘 사람이라면 불굴의 의지로 자신의 숨은 재능을 세상에 펼쳐야 하지 않겠는가. 오직 자신만이 진정으로 자신을 사랑할 수 있는 것이니까!

■

열악한 조건으로 인해 한 달 늦게 꽃을 피운
영산홍.

치우침의 폐단

고요함을 찾아서 깊은 산 속으로 들어간 사람은, 적막을 견디지 못해 사람들을 그리며 망상을 피우고, 사람을 그리워하여 인파 속으로 들어간 사람은, 사람에 치어서 다시 또 깊은 산속을 그린다.

마음이 불편한 사람은 환경을 바꾸어도 여전히 불편하다. 어디에 있건 자유로운 사람만이 진정 편안하고 행복하다.

■

문월도(問月圖)
간송미술관 소장, 이정(李霆, 1541~)
이 노승이야 어디에 있건 자유롭겠지만
흉내나 내는 사람은 몹시 불편할 것이다.

무얼 보는가?

4천 미터 산정에 도달한 이가 친구에게 전화를 했다.

"와! 운해(雲海)가 햇빛을 받아 정말 멋있어!"

계곡에서 놀겠다며 산자락에 남았던 친구가 짜증을 냈다.

"무슨 소리야? 비로 계곡 물이 불어나 텐트 걷느라 정신없구먼!"

같은 산에 있어도 보이는 것이나 체험하는 것이 완전히 다를 수 있다.

■

해발 3,140m에 위치한 부탄의 탁상라캉을
건너편 언덕에서 촬영한 것.
산 아래에서는 볼 수 없는 곳.

마음의 흔적

꽃 사랑할 줄 모르는 사람은 예쁜 꽃밭에 쓰
레기를 버리고
꽃 지나치게 탐착하는 사람은 남의 꽃밭 꽃
꺾어 가 버린다.
아름답고 향기로운 꽃밭이건 더럽고 냄새나
는 쓰레기 더미건
우리 눈에 비친 세상 모습들은 사람들 마음
이 나타난 것이다.

■

개화사 정원의 배롱나무꽃(목백일홍).

이론과 실제(實際)

예전엔 고무신 신고 휘적거리며

한라산도 지리산도 오르곤 했다.

요즘은 인근의 산에 오르면서도

전문 등산장비를 갖춘 이들이 많다.

장비만 갖추면 히말라야를 오를까?

예전엔 불교에 대한 서적이 드물었다.

그래도 수행자들은 깨달음으로 향했다.

요즘은 흔한 것이 수행에 대한 책이고

높은 정신적 경지에 대한 이론서이다.

그런 책 많이 읽으면 경지가 높아질까?

히말라야에 대한 영상은 얼마든지 볼 수 있다.
그런 영상을 많이 본다고
히말라야에 이른 것은 아니다.

기이한 일

산자락에 핀 야생화를 촬영하고 있는데,
개화산 산책길을 누가 빠르게 걸어왔다.
두꺼운 마스크를 한 채 헐떡이는 그에게
숲속의 맑은 공기는 피해야 할 대상인가?

■

사데풀 꽃으로 보이는 야생화.
2023년 9월 29일 오전 촬영.

산사음악회(山寺音樂會)

개화사에서도 산사음악회 하나요?

조금 전에도 했지 않습니까?

제가 늦게 와서 못 본 것입니까?

충분히 보셨고 함께 하셨답니다.

종과 목탁을 치고 요령을 흔들어

아름다운 기악도 들려드렸고

빠른 독경 느린 범패 독창과 합창

갖가지 멋진 성악도 감상하셨답니다.

다른 산사음악회는 즐거움을 드리지만

개화사음악회는 신심과 평안을 드리고

죽비 쳐서 선정과 삼매까지 선물한답니다.

개화사에서는 매일 산사음악회를 연답니다.

2021년 초파일 전날의 개화사 모습.

가을맞이

단풍을 즐기고자
산으로 찾아가는 이 있고
찾아온 단풍 밤안개
친구삼아
세월 노래하는 이 있지.

.

개화사 앞길 자정.

인적 끊긴 자리에 은행나무와 밤안개.

평화와 자비의 요건

경전에서 가장 위대한 통치자를 전륜성왕이라고 하였다. 이 왕은 정법(正法)으로 세상을 평화롭게 다스린다는 왕인데, 통치에 필요한 모든 보물을 갖추었다. 다시 말해 막대한 재력, 뛰어난 인재, 최상의 무기 등이 그 보물에 해당한다.

42수관음보살상(42手觀音菩薩像)이 있는데, 당연히 자비를 상징하는 관세음보살 가운데 한 분이다. 그런데 그 손에 갖가지 보물을 지니고 있다. 물론 각종 무기도 포함된다.

평화와 자비를 구현하는데 왜 그런 보물들이 필요할까? 심지어 최고의 무기까지….

하북성 융흥사(隆興寺)의 42수관음상.

2층에서 촬영.

베낀 것과 만든 것

컴퓨터에서 몇 시간 걸려 작업한 글이
실수로 모니터에서 사라지기도 한다.
만약 그것이 타인의 것을 베낀 것이라면
거의 기억이 나질 않으니 복원이 어렵다.
직접 구상했다면 컴퓨터에서 사라졌어도
머릿속에 남아있으니 새로 만들 수 있다.
베낀 것은 언젠가 자기 것 아님 드러나고
자신이 만든 건 설사 잃어도 복원이 된다.
지식이란 애써 익혀도 과거의 그림자지만
지혜란 샘처럼 찰나마다 새롭게 솟아난다.

■

개화사 종무소에 모신 명대(明代) 조성 포
대화상과 故 방혜자 선생의 후불탱화.
포대화상의 자루는 바로 지혜주머니.

모든 것 알아채기

여러 잔을 우릴 수 있는 차를 시음한 후
그 모든 잔의 차를 모아서 다시 음미하면
평균치를 맛본다고도 생각할 수 있겠지만
사실 모든 잔들의 특징이 다 모여 있기에
음미하다 보면 차례대로 마실 때와는 다른
복합적인 오묘함을 느낄 수 있을 것이다.
지혜로운 이를 만나 마음이 통하고 보면
어린 시절부터 현재까지의 그의 모든 것
희망 절망 노력 극복 기쁨 슬픔 해탈까지
그의 모든 것 녹아 있는 멋과 향기를 본다.

■

100년 된 동경호의 찻물
이것을 다 모아 마실 때
어떤 이는 평균치만 맛보고,
어떤 이는 복합적인 모든 향과 맛을 만난다.

무서운 함정

수년간 혼자 화두(話頭)를 참구하다가 보이지 않는 무쇠상자에 갇혀버렸을 때, 마지막 출가를 위해 은사스님을 찾았었다. 세 번째의 방문으로 외부 법문을 위해 출타하시던 은사스님을 신어산(神魚山) 중턱에서 만났다.

"오랜만이로군. 웬일인가?"

"스님을 모시고 공부하고 싶습니다."

"자네는 밖에서도 할 수 있지 않나?"

〈자넨 밖에서도 할 수 있지 않나?〉

이 말씀은 스승님의 무서운 함정이면서 내 아만을 향한 날카로운 검이었다. 만약 이 말씀을 칭찬으로 잘못 들었다면 돌이킬 수 없는 구덩이에 떨어지고 말았을 것이다.

나는 당시까지 출간된 모든 불서를 다 읽고 위대한 선지식인 큰스님들을 수년간 찾아다닌 끝에 불교를 다 알았다고 착각했었다. 그 착각으로 도깨비처럼 설치던 십대와 20대 초기를 다 보셨던 은사스님께서, 나의 아만과 '알았다'는 생각에 칼을 휘두르셨던 것이다.

자기의 운명, 자신의 미래는 전적으로 자신이 결정짓는 것이다. 스승님의 함정을 칭찬으로 잘못 듣고 그냥 하산했다면, 내 미래는 어둠 속으로 추락했을 것이다.

요즘은 이렇게 제자를 다스리는 스승이 드물다. 아니 이런 스승을 모시고 공부하는 이들이 거의 없다. 도망가기 바쁘다.

노년의 은사스님.

알라딘의 램프-청정자성

누구에게나 무진보배 방마다 가득한

마음이란 동굴 있소.

바깥에 있는 작은 방들의

빛나는 보석 만지지 마시구려.

그 순간 그대가 보석이 되어

다른 사람 구경거리 된다오.

가장 안쪽 은밀한 방에

먼지 가득 쌓인 요술램프 찾아

지극한 정성으로 닦노라면

신통방통한 지혜 요정 나와서

바로 그대를 세상에서

가장 멋진 주인공으로 대접한다오.

■

흑유(黑油)를 사용한 골동 등잔.
여인이 불을 이고 있는 모양.

틀에서 벗어나기

튼튼한 재질로 만든 상자는

규격 맞는 물건만 담을 수 있지만

부드러운 천으로 만든 보자기는

모가 나건 둥글건 크건 작건 간에

모든 것을 잘 수용할 수 있다.

걸림 없던 생각도 관념(相)이 되면

자유로움 사라지고 스스로 갇히고 만다.

■

큰 보자기를 몸에 두르면 수행자의 가사(袈裟)도 됨.
5비구에게 설법하시는 부처님.

수희공덕(隨喜功德)

남녘의 꽃 소식을 들려주었더니
내 방 앞의 꽃들이 화들짝 피었다.
매화와 산수유 보며 문득 스친 생각
사람들도 저 꽃과 같을 수 있으려나?

경전에
남 좋은 일 내 일처럼 좋아함
공덕(功德)이 된다고
강조함 보면
아마도 그리 쉽지만은 않은가 보다.

■

(위) 개화사 앞뜰 매화의 향기.
(아래) 매크로렌즈로 촬영한 산수유.

화두(話頭) I

그믐밤 깊은 숲속 낯선 길

화두(話頭)등불로 나아가는 이여

생각만의 궁리는 소용없으니

이리저리 두리번거리면서

다른 멋진 길을 찾으려 말라.

오직 혼신의 힘을 다해

앞으로 가는 것만이 해결책

발아래 화두불빛을 놓치거나

엉뚱한 곳 보느라 삐끗하면

이미 그대는 죽은 목숨이다.

** 화두(話頭) : 자기 존재의 근본자리(佛性) 찾아가
는 큰 의심.

야간 산행을 할 때 촬영한 사진.

벗어버리기

지금까지 입고 있던 것이
아무리 편하고 좋았다고 해도
모두 벗어버리지 않으면
결코 새 옷을 입을 수는 없다.
정신에 깃든 것들도 마찬가지
버리기 전에는 새로울 수 없다.

등종이를 물에 적셔 뼈대만 남기고 제거하는
개화사 불자들.

그땐 그랬지

한바탕 비 뿌리고 지나가더니
하늘에 무지개 아치를 그렸다.
많은 인연들 모여서 나타났고
그 인연 흩어지니 사라지더라.
사람들 인식도 그러한 것인데
모두 자기 생각 옳다고 우기네.
그때는 그 인식이 옳았겠지만
여러 조건 사라지면 흩어지지.
말로만 비웠다고 뽐내지 말고
그때만 그랬음을 깨달았으면.

4월 16일 오후 개화사 법당에서 본 무지개.

산길 포행(布行)

오른발을 내디디니 햇볕이고
왼발을 뻗으니 나무 그림자
금방 내리막길 참 쉬웠는데
다시 오르막길 숨이 가쁘네.
우리 인생살이 또한 그러해서
밝아졌나 하니 다시 어둠이고
쉬워졌나 했더니 어려워지네.
만약 상황 따라 감정 요동치면
그 마음 괴로워서 어이하리요.

■

개화산 숲길을

포행(布行 : 걷는 참선 삼매)하며 촬영.

참 묘한 일

이태리와 두바이에 거주하는 외국인 둘이 깊은 수행과 다도(茶道)에 대한 가르침을 받고자 찾아왔다. 흔히 건강과 스트레스 해소를 위한 명상(瞑想) 정도에 관심을 두는 것이 아니라, 본격적인 참선수행(參禪修行)으로 깨달음에 이르고자 하는 의욕이 보였다. 차에 대한 공부도 꽤 깊어서 50년대에 만들어진 보이차(普洱茶) 조기홍인(早期紅印)을 마시며 감탄하는 모습이 칭찬할 만했다. 그들에게 불교의 요지와 화두수행(話頭修行)의 방법 등을 얘기하면서 묘하다는 생각을 했었다. 요즘 한국에는 가벼운 휴식 정

200

도의 명상이 유행인데, 외국에서 온 이들은 고봉정상(高峰頂上)을 바라보고 있었기 때문이다. 뜻이 깊으면 길은 있는 법, 부디 해탈(解脫)의 경지에 이르길 축원한다.

Yi Wei Te 부부에게 깨달음에 이르는
높은 단계의 수행법 설명하는 장면.

스승

내가 불자들에게 거울이 되니
그들이 날 스승이라 꽃을 주고
불자들은 나에게 거울이 되니
난 그들에게 차를 우려 공양하지.
모든 것 서로 비추는 거울 되나니
서로서로 상대에게 멋진 스승이네.

마실 차와 감상할 음악 설명.

참된 자신을 만난다는 것

5년 전 개화사 무량수전 뒤 처마 높이까지
쌓인 흙더미를 걷어내고, 몇 개월 걸려 산자
락 정원을 만들었다. 옮겨 심은 꽃나무들이
가뭄에 힘들어하기에 하루에도 두세 차례 물
주기를 거듭했었다. 그러기를 수년이 지나자
나무들이 모두 땅기운(地氣)을 제 것으로 만
들어, 싱싱한 모습으로 멋진 정원이 되었다.
처음 마음을 내어 수행하는 사람들은 마치
새로 옮겨 심은 나무와 같아서, 자기 본성
(本性=自性, 佛性)의 기운을 제대로 만나지
못하여 번뇌의 바다에 떠다닌다. 그러나 선
지식의 도움을 받으면서 포기하지 않고 흔

들리지 않는 정진을 이어간다면, 어리석은
생각의 경계를 벗어나 청정한 자기 성품의
경계 속으로 들어간다. 이때 비로소 해탈의
멋진 세계를 만나게 된다.

개화사 무량수전에서 철야 좌선정진을 하는 대중들.

출입자재(出入自在)

문 여닫는 것을

아주 귀찮아한 두 사람이 있었다.

오래 생각한 끝에

한 사람은 문을 떼어 버렸고

다른 사람은 문을 폐쇄해 버렸다.

시간이 지나자

한 사람은 얼어 죽었고

다른 사람은 방에서 굶어 죽었다.

출입자재란

필요할 때 그냥 문을 여닫으며

들어가기도 하고 나가기도 하는 것이다.

■

닫아야 할 때라서 닫힌 문.

먼지가 이는 까닭

어떤 불자가 물었다.

"스님! 수행한다는 분들이 왜 시끄럽습니까?"

"금광을 제대로 찾지 못했거나 금광을 찾았어도 금(깨달음)을 채굴하는 과정에서 일어나는 시끄러움일 수 있습니다. 완성된 금이 있는 금광은 없습니다. 금광석을 캐어서 용광로를 거치고 연마까지 해야, 사람들이 귀하게 여기는 황금이 됩니다. 그 과정에서 돌도 튀고 먼지도 날리며 쇳물이 떨어지기도 하지요. 수행자들도 깨닫기 전에는 온갖 몸부림을 치는 것이랍니다."

"조용히 있으면 되지 않습니까?"

"그럴 수 있지만, 황금을 얻는 것은 포기해야 할 것입니다."

"시끄럽게 한 이들이 모두 깨닫습니까?"

"목적이 잘못된 이나 중도에 포기하는 이들은 깨닫지 못하지요."

"실망하는 이들이 많지 않겠습니까?""도움이 되지 않는 것에 화내거나 실망하지 말고, 자신의 해탈을 챙기는 것이 급하지 않을까요? 그리고 비록 빠름과 느림이 있을지언정 인과(因果)는 분명하답니다."

갖가지 모양의 아라한들.
자신은 어디에 속할까!

너무 오래된 미래

중학생 시절부터 절 법당에 참배하고 두세 시간 앉아 있길 좋아했던 나는, 그 고요함과 때때로 운 좋을 때면 들을 수 있었던 노스님의 묵은 염불소리에 마음속 시끄러움이 다 사라지곤 했다.

불교가 바깥세상의 입맛에 맞춰야한다는 주장이 많다. 그럴 때마다 나는 고타마 싯다르타를 떠올린다. 세상 부족할 것이 없었을 것 같은 태자는 왜 출가 수행했으며, 깨달아 석가모니가 되신 뒤에는 왜 세상입맛과는 거꾸로 살다 가신 것일까?

출가 수행자가 연예인인가? 정치인인가?

학자인가? 자영업자인가? 운동가인가? 대변인인가? 아니면 유행의 앞자리에 서는 패셔니스트 (fashionist)인가?

고타마 싯다르타는 출가 전에 이미 그 모든 요건을 갖추었던 분이었음에도 다 버리고 출가했고, 깨닫고 난 뒤에는 오직 지혜와 자비를 펼치며 사람들을 해탈시키려 노력하셨을 뿐이다.

요즘 세상에 뒤쳐진다는 말을 듣는 불교적 수행과 불교의식(佛敎儀式)과 지도법은 사실 너무나 오래되었지만, 그럼에도 미래의 모든 괴로움(苦)에 대한 가장 뛰어난 해법이다.

■

석가모니께서 가르쳐 주신 깨닫는 방법은
너무나 오래되었지만,
그럼에도 먼 미래까지 늘 새로운 해법일 터!

삼보일배(三步一拜)

가난하고 척박한 환경 속에서 맨몸으로

불보살 만나려 먼 성지순례 길에 올라

무릎이 상하고 살갗이 터져도 오매불망

걸음 내디디며 세상 어디서건 당당하길

무릎 꿇을 때마다 자신의 아만 꺾이길

맨땅에 이마 대며 대지처럼 흔들리지 않길

일어설 때마다 허공처럼 자유로워지길

그렇게 목숨 걸고 성지 향해 자신 찾는 길.

어쩌다 삼보일배가 욕망을 달성하는

투쟁의 수단으로 전락하고 말았는지

깨달음 맹세하고 살 태우며 받아 지닌

그 가사 수하고 길에서 이벤트라니

가사 벗고 머리 길러 투사로 나선다면

내 기꺼이 그대들의 용기 칭찬하련만

가사와 삼보일배 욕되게 하지 말길

본연의 자세로 돌아가 참 스승이 되길.

216

■

삼보일배로 깨달음을 향해
성지순례를 하는 티베트 노스님.
티베트 화가 작품.
개화사 설법전 소장.

** 한국의 삼보일배는 본래의 취지에서 벗어난 경우
가 대부분임.

불교의 믿음

불교의 믿음은 마음에 걸림이 없어지는 것
이다. 걸림이 없으면 두려움이 없어지고,
두려움이 없어지면 잘못된 생각을 하지 않
게 된다. 그렇게 된 사람은 늘 마음이 고요
하고 평화롭다. 불교에서는 그런 사람을 지
혜롭다고 한다.

라다크 틱세 곰파의 벽화에 등장하는
고승들의 몸짓과 표정은 모두 달라도
가리키는 곳은 하나이다.
그러나 하나라고 집착하면 어긋난다.

아래로 더 아래로

어떤 고등학교 출신들이 대세라고 해서
박사학위 취득하여 활동하던 사람들이
그 고등학교에 입학하면 잘하는 일일까?
불교 수행법이 오랜 세월 검증된 것임에도
제대로 실천을 해 보지도 아니한 채
쉽고 이상한 방법들이 유행한다고 해서
고유의 수행법 도외시한다면 옳은 일일까?
동네 뒷산이 일반사람들에게 인기가 높다고
전문산악인이 고산등정(高山登頂)을 포기하고
전문 장비만 갖춘 채 뒷동산만 오르내리며
군중을 끌고 다닌다면 그가 전문산악인일까?

■

매서운 시선들이 느껴지지 않는가!

복중휴가(伏中休暇)

무더운 삼복 여름철을 맞아
모두들 휴가를 떠나고 있다.
개인 취향 따라 택하는 거라
어느 방법 옳다 할 것 없지만
개화사 일부 불자들의 휴가는
참 특별하고 보람되고 멋지다.
푹푹 찌는 복중(伏中) 무더위
어떤 이들은 두 시간 기도 후
펄펄 끓는 보이차 마시며 피서
어떤 이들은 하루 6시간 참선
닷새 동안 화두 들고 씨름한다.

■

닷새 동안 하루 6시간씩 화두참구하며
참선하는 휴가.
밤 10시경 개화사 선방.

견우(牽牛)와 직녀(織女)

자성자리 깨달으려는 수행자여(牽牛)

　－소 : 마음의 본체, 본질, 理想

시공간 삶에 얼마나 자유로운가(織女)

　－베틀 : 몸이 처한 현실, 삶, 生活

이건 옳고 저건 그르다는 강가에(銀河水)

시비 넘어서는 다리 하나 놓으소(烏鵲橋)

견우와 직녀 만나는 해탈의 순간(七夕)

본 사람 하나 없이 자신들만 알 뿐!(自證)

고구려시대 무덤인 덕흥리 고분 벽화에
그려져 있는 견우와 직녀의 모습.

쉬운 것

사람들은 줄곧 쉽게 할 수 있는 방법을 찾는다.

쉽게 돈 버는 법, 쉽게 사랑하는 법, 쉽게 부자 되는 법, 쉽게 출세하는 법, 쉽게 성공하는 법, 쉽게 사는 법, 쉽게 행복해지는 법, 쉽게 깨닫는 법 등등.

그런데 나는 70년을 살아도 위에 나열한 것 가운데 쉽게 할 수 있는 법을 하나도 모른다. 가끔 일시적으로는 성공한 것처럼 보이는 사람도 있는데, 결코 오래가지는 못하더라.

참! 쉽게 되는 방법을 몇 가지는 안다.

쉽게 망하는 법, 쉽게 가난해지는 법, 쉽게 미움 받는 법, 쉽게 버림받는 법, 쉽게 실패하는 법, 쉽게 낙오하는 법, 쉽게 타락하는 법, 그리고 쉽게 괴로워지는 법 등등.

오래전에 터득한 것이 하나 있기는 하다.

세상일 쉽게 이루어지지 않는다는 것 알고 열심히 행하면, 힘은 들어도 고통스러워지지는 않는다는 것. 그 결과로 많은 이들이 편안해지거나 행복해진다는 것.

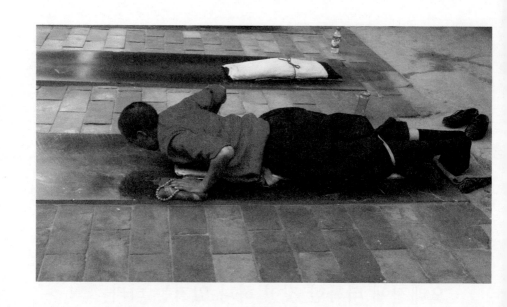

■

해탈을 위해 온몸을 던져 예참하는 스님.

진짜 수행해봤나요?

화두 참구 한철 해 보지도 않은 이

화두 필요 없다 하고

지금까지 백일기도도 안 해 본 사람이

염불 소용없다 하네.

삼천 배 예참 무서워하여

굴신운동이라고 무시해 버리고

육바라밀 실천도 않고

보살사상 필요 없다는 이는 누구요.

목숨 걸고 정진해 보지 않은 일에

함부로 입 열지 마세나!

** 요즘 승복 걸친 이들이 깊은 수행도 제대로 해보지 않은 채 유튜브 등에서 아무 말이나 하고 있네요. 듣고 보는 이들의 마음공부와 자신의 명예에도 전혀 보탬이 되지 않는 오직 자신의 작은 인기를 위한 작태입니다. 종교적인 의식이나 수행은 깊은 체험이 없으면 승복을 입었다고 또는 나이가 많다고 해서 다 이해한 것이 아닙니다. 세상 사람들이 가십(gossip)거리로 삼을 만한 부정확한 승가의 과거얘기를 하는 것이 전법(傳法) 또는 포교(布敎)에 아무 이익이 되지 않을 뿐 아니라, 그 언행 자체가 가장 심각하게 계율을 어긴 파화합승(破和合僧) 즉 승가의 화합을 해친 죄목에 해당된다는 것을 잊고 있는 듯합니다. 조금이나마 수행자의 마음이 남아 있다면 당장 그만두길 바랍니다. 인기 같은 것은 연예인 등의 몫이지 수행자의 몫이 아닙니다. 혹시 자신을 연예인이라고 생각하나요? 그럼 승복을 벗으면 됩니다.

230

■

수안스님의 달마도.
개화사 선방 소장.

결제(結制)와 해제(解制)

본디 절제할 것도 없지만
절제하는 모양을 취하고
처음부터 풀 것 없었으나
다시 푸는 모습 보여서
편안하게 머문다는 말 또한
정확하게 맞진 않으나
사람들에게 편안해지는 방편을
보여주기 위함이라.
어려운 수행으로 이미 그 도리
남김없이 알았다면
지혜의 빛이 되고 자비의 손길
되어야 마땅하리라.

** 안거(安居)는 폭우(暴雨) 폭서(暴暑) 폭한(暴寒) 의 계절에 위험을 피해 한곳에 모여 안전하게 수 행에만 전념하는 불교 수행 방식.

** 결제(結制)와 해제(解制)~안거(安居)를 시작하는 것과 안거를 끝내는 것.

** 결제(結制)라는 말은 '모여서 돌아다니는 것을 절 제한다'는 뜻이 있음. 움직임을 최소화하면서 내 면 즉 본성의 성찰에 집중하는 수행법을 가리키기 도 함.

** 해제(解制)라는 말은 '강제적으로 절제시키 던 것을 푼다'는 뜻이 있음. 자유롭게 돌아 다니면서 내면의 성찰에 의해 성취한 지혜 와 자비를 사람들과 나누는 행위를 뜻하기도 함.

해제일 전야에 주지 집무실 앞에서
철야정진 중인 반야.

■

백중 전야에 무량수전 앞에서
철야정진 중인 보리.

청정자성(清淨自性)

개화사 지하에 있는 설법전(說法殿) 입구의 비가리개가 오래되어 빗물이 새기에 보완 공사를 하였다. 그러나 비가 올 때면 다시 벽면에 누수 현상이 나타났다. 그래서 기존의 비가리개에 부정확한 방수를 계속하기보다는 그 위에다 새로 비가리개를 만들기로 하였다. 좀 더 넓게 한쪽으로 경사를 둔 형태로 스텐골조를 만들고 그 위에 투명한 렉산(LEXAN)을 덮었다. 완성한 후 사진을 촬영해 보니 렉산은 보이지 않고 스텐골조만 보였다. 아마도 시간이 흐르면서 때가 끼면 렉산이 있다는 것을 쉽게 볼 수 있을 것이다. 그것은 투명한 렉산 자체가 아닌 렉산에 묻은 때를 보는 것이다.

우리의 근본자리를 청정자성(淸淨自性)이라고 한다. 그러나 그 청정한 자성을 깨닫는 견성(見性)은 매우 어렵다. 청정자성에 가장 가까운 마음을 청정심(淸淨心)이라고도 하는데, 청정하다는 것은 투명한 것이라서 그 자체를 보는 것 또한 쉽지 않다. 사람들이 흔히 '마음'을 본다고 하는 것은 '때(번뇌)'를 보는 것이다. 그래서 '내 마음이 어떻다'고 주장할 때의 마음은 '때가 낀 마음'인

237

것이다. 청정심은 그 자체를 표현할 수는 없고, 다만 안과 밖이 환하게 통하는 내외명철(內外明徹)의 경지임을 밝힐 뿐이다. 그러나 볼 수 없다고 해서 '없다'고 말하면 완전히 어긋나 버린다.

** 렉산(LEXAN)은 폴리카보네이트(Polycarbonate)로 만든 제품의 상표 가운데 하나인데, 워낙 유명해서 제품 이름처럼 사용되고 있는 것.

■

(위)비가리개 작업을 하는 모습.
(아래)비가리개가 완성된 후 촬영한 사진.

차가 다 같지 뭐!

차(茶)를 깊이 있게 체험하지 못한 이들은 곧잘 "차가 다 같지 뭐! 아무거나 마시면 되지!"라고 한다. 그런데 사람마다 체질이 다르고, 차마다 그 성질이 또 다르다. 같은 품종의 차라도 전문가가 정성을 다해 만든 차와 아마추어가 대충 배워서 만든 차는 엄연히 다르다. 그래서 차를 잘못 마셔서 몸을 망치는 이가 있고, 차를 잘 마셔서 병을 고치는 이도 있다. 그러니 잘 배우고 또 심도 있게 체험하여 제대로 마시면 차가 자신의 삶에 필요한 멋진 친구가 될 것이다. 어디 차만 그렇겠는가. 매사가 다 그러할 것이다.

** 만약 치매나 성인병이 지나치게 걱정된다면 차를
생활화하면 좋을 것이다. 차는 피를 정화해주고
혈관을 깨끗하게 해주며 몸 안의 독소를 풀어준
다. 또한 좋은 차를 땀을 흘릴 정도로 마실 경우엔
세포 사이의 노폐물을 녹여서 땀으로 배출시킨다.
-개인적인 소견-

1950년 전후에 만들어진 보이차.
조기홍인(早期紅印)을 멋진 이들과 마실 때.

부처님 얼굴

전 세계 모든 도량의 부처님 얼굴은 은은한
미소일 뿐으로 화를 내시는 찡그린 모습이
나 활짝 웃으시는 모습이 없다.

바로 그것이 중생을 대하시는 한결같은 모
습이기 때문이다.

우리는 중생 위한답시고 부처님과 너무 다
른 모습 아닌가?

혹여 부화뇌동하는 건 아닌지 염려되는 모
습 가끔 보인다.

스리랑카 캔디 불치사의 석가모니불.

옳고 그름

자기 안의 옳고 그름 확고하면

진짜 옳고 그름을 보지 못한다.

자기 내면의 모든 관념 버리면

세상사가 제 모습을 보여준다.

** 정의의 여신 디케가 눈을 가린 것은 자신의 주관
으로 치우치는 것을 방지하기 위함인데, 불교에서
일반적인 선악(善惡)을 초월하여 세상을 보라는
것과 비슷함.

■

정의의 여신인 디케는
눈을 가린 채 저울과 칼을 들고 있음.

중도(中道)라는 지혜

이 세상 모든 것은 서로 의존하고 관여하
며 존재한다. 모두가 상대적 관계에 놓여
있기에, 각자의 의지와 상관없이 상대에게
영향을 미치고 상대로부터 영향을 받는다.
이 원리를 잘 알아서 자재하게 살아가는
지혜를 중도(中道)라고 한다. 그러므로 불
교의 중도(中道)는 고정되어 있는 것이 아
니다. 만약 변화하는 상황과 상관없이 고
정된 무언가를 굳게 지키고 있다면 그것은
다만 관념(觀念-굳어진 생각)일 뿐이며,
관념은 대개 치우친 견해인 편견(偏見)일
가능성이 높다.

■

탕관의 끓는 물을 다호(茶壺)에 따르는 장면.
차를 우리는 방법은 고정되어 있지 않음.
차의 양이나 물의 온도 및 우리는 시간 등
매양 적절한 방법이 있음.

수행(修行)

풀 뽑고 마당 쓸면서도 자기 마음 깊이 살펴
번뇌 망상 사라져 고요하고 맑으면 수행이요
종일 좌선하고 염불하면서도 마음 시끄럽다면
모양만 근사할 뿐 수행이라 하기 어려운 것.

마음 제대로 고요하고 맑은 삼매에 이른다면야
좌선 염불 독경 예참은 참 훌륭한 수행이지만
흉내만 내면서 세월만 보낸다면 어느 세월에
자기 마음 온갖 얽매임에서 벗어날 수 있겠나.

마음이 이와 같다면 무엇을 했어도
수행을 했다 하리라.

원력(願力)과 가행정진(加行精進)

1968년 내가 고등학생 신분 시절, 부산 대법사(大法寺) 여환(如幻)주지스님의 배려로 절에서 겨울방학을 지낼 때 좌선정진에 매진하고 있었다. 그런데 공부가 깊지 않아서 가부좌(跏趺坐)로 한 시간 이상을 견디기가 힘들었다. 그런데 향을 피어놓고 관찰하거나 좋은 음악을 감상할 때 또는 차(茶)를 마실 때는 시간이 어떻게 흘러갔는지를 모를 정도였다. 그래서 "내가 출가하여 지도자가 되었을 때 불자들에게 무조건 좌선만을 강조하며 죽비치고 앉힐 것이 아니라, 좋은 음악과 아름다운 향과 멋진 차를 활용하여 좌선(가부좌)에 익숙하게 해야겠다."는 생각이 들었다. 그리고는 그것을 원력으로 삼았다. 물론 버스비도 부족하여 거의 걸어 다니던 가난한 학생에게는 꿈같은 생각일 뿐이었다.

그 후 출가하여 선원수행과 강원의 교학연구 및 중앙승가대학교에서 고려대장경을 모두 읽으며 연구할 때까지도, 안암동에서 인사동까지 걸어 다니던 그저 가난한 수행자였을 뿐이었다. 그러다가 법문을 청하는 곳이 늘어나면서 시간 되는대로 법문을 하고 법사보시(法師布施)를 받아 외상으로 구입했던 불교 전문서적과 대장경 대금 및 찻(茶)값 밀린 빚 수천만 원을 갚아나갔다.

중앙승가대학교를 졸업한 후 2년이 지났을 때 추천으로 등 떠밀려 대한불교조계종 총무원국장을 맡으면서 불교계의 행사기획 및 진행 등을 도맡아 하게 되었고, 수차례의 요청으로 방송포교('자비의 전화' '살며 생각하며' 등)를 하게 되었다. 그러면서 여기저기 법문요청이 많아졌다. 그 무렵 침향(沈香)과 보이차(普洱茶)를 만나게 되면서 드디어 1968년에 세웠던 계획을 하나씩 실천에 옮겨 나갔다. 물론 그 비용을 마련하기 위해 불철주야 몸은 쉴 틈이 없었고, 법문하느라 입술은 늘 부르터 있을 정도였다. 그 결과로 최고의 침향과 만들어진 지 50~100년 사이의 보이차들로 소리향차법회(음악, 침향,

보이차, 좌선을 동시에 겸하는 다회)를 지속해 오고 있다.

최근에는 고래가 만들어내는 용연향(龍涎香)도 인연이 되어 침향(沈香)과 유향(乳香) 및 세상의 진귀한 향들을 연구할 수 있게 되었으니, 원력(願力)을 세운 지 55년 세월 동안 노력한 결실이라고 할 수 있다.

뜻을 세우면 바로 결실을 맺길 기대하는 이들도 있겠지만, 내 경험으로는 그런 경우가 극히 드물었다. 원력을 세운 사람은 그 원력을 성취하기 위해서 남들보다 몇 배나 더 노력하는 가행정진(加行精進)을 해야만 한다.

■

향유고래 수컷의 내장에서 만들어지는

용연향(龍涎香)은

오랜 세월 동안 바다에 떠다니다가

해변에 밀려와 사람과 인연이 됨.

흰색처럼 보이는 것은

고래에서 나온 지 1천 년 정도 지난 것이라고 함.

고급 침향선향을 만들 때는

침향, 사향, 용연향이

필수적으로 들어감.

너무 비관하고 있다면

요즘 멀리 있는 이들로부터 힘들어하는 얘기를 많이 듣는다.

심한 우울증에 빠져 있다거나 무슨 재미로 살아야 하는지를 모르겠다며 극단적인 생각까지도 한다는 이들마저 있다.

그런 분들에게 나는 종종 안톤 브루크너(Anton Bruckner)의 교향곡 제9번 전체나 혹은 2악장을 지속적으로 들어보기를 권한다.

오스트리아의 대표적인 오르가니스트이며 음악교육자이자 작곡가인 브루크너는 여러 사정으로 40대에 첫 작품을 발표하였으나

256

혹평에다가 촌뜨기 취급을 받아야 했다. 그러나 좌절하지 않고 꾸준히 작곡을 하여 그의 나이 60대가 되었을 때 제7번 교향곡의 초연이 호평을 받으면서 비로소 세상의 인정을 받게 되었다. 그 후 십 년 정도 명예로운 삶을 살았다.

제9번 교향곡은 브루크너의 나이 63세 때인 1887년에 시작하였으나, 1896년 10월 11일 죽음에 이르렀을 때까지도 4악장을 만들지 못한 미완성 작품이다. 하지만 음악에 문외한인 내가 듣기에도 미완성이라는 생각이 들지 않을 정도이다.

이 음악을 반복해서 듣다 보면 마치 끝없이 정진하는 수행자의 의지 같은 것을 느낄 수 있을 것이며, 새로운 의욕이 생겨 자신의 삶이라는 교향곡을 멋지게 완성할 수도 있을 것이다.

체코 프라하 대성당의 파이프오르간.
브루크너는 당시 세계일류의
오르가니스트(organist)였음.

낙관(樂觀)과 비관(悲觀)

낙관적인 사람은

모든 것이 잘될 것이라는 기대를 하고

비관적인 사람은

모든 것이 잘못될 것이라고 생각합니다.

만약 낙관하려면

일어날 일이 잘되게 노력을 해야 하고

비관적인 사람이라도

잘못되지 않도록 정진해야만 합니다.

어떤 노력도 하질 않으면서

낙관이나 비관을 한다는 것은

참으로 부질없는 망상일 뿐이기에

그도 또한 번뇌입니다.

노력 없는 낙관 비관은 망상이라서

언제라도 뒤바뀝니다.

지혜로운 사람이라면

진행되는 흐름을 읽고 대응합니다.

그러므로 지혜로운 사람은

망하지도 괴롭지도 않습니다.

불교수행은 해탈하여

지혜로운 사람이 되게 하기 때문에

누구와도 어울려주지만

일어나는 일들로부터 초연합니다.

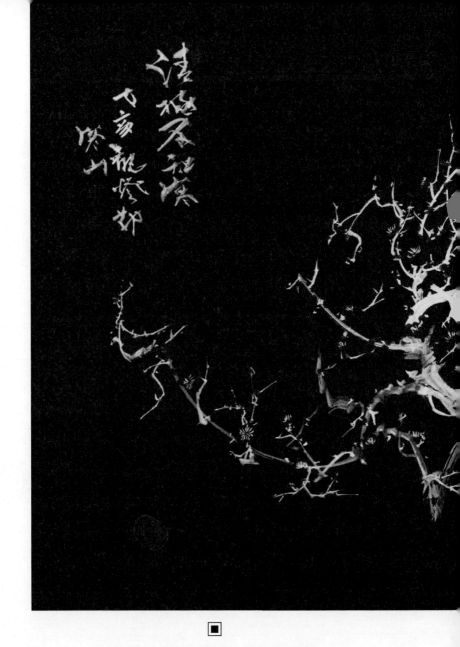

한산당 화엄대선사 선화(禪畵)
청매부지한(清梅不知寒).

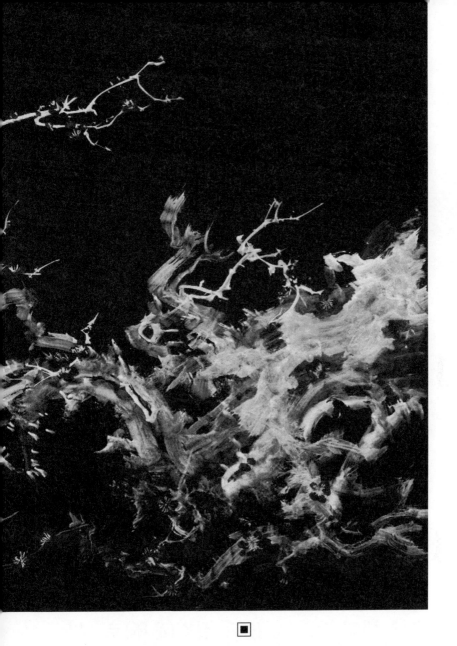

맑은 매화는 추위를 모른다.
즉 환경 여건 따위는 탓하지 않는다는 의미.

욕망(欲望)에 대한 오해

불교에서는 욕망을 나쁜 것으로 가르친다고 오해하는 이들이 많다. 실제로 그렇게 잘못 가르치는 이들이 있기 때문일 것이다.

한자의 욕(欲)과 망(望)은 둘 다 '바라다 희망하다'의 뜻인데. 욕(欲)자 하나로도 같은 뜻이 된다. 그런데 때때로 욕심이라는 뜻의 욕(慾)자와 혼용을 하기에 불교에서 말하는 대표적 번뇌인 탐욕(貪慾)과 혼선이 빚어진 것이다.

불교의 인식론인 유식론(唯識論)에서는 마음에 대해 심왕(心王)과 심소(心所)로 나누어 설명한다. 심왕(心王)이란 인식하는 주

264

체이고, 심소(心所)란 인식주체인 식(識)의 작용이다.

식의 작용(心所) 가운데 5별경심소(別境心所)에 욕(欲)은 속한다.

별경심소란 대상에 따라 단독으로 일어나거나 혹은 몇 가지가 동시에 일어나는 인식작용이다. 여기에 욕(欲-욕구)·승해(勝解-확실한 선택)·념(念-기억, 알아차림)·정(定-집중)·혜(慧-명확한 판단)의 다섯 가지가 있다.

첫 번째인 욕(欲)은 산스끄리뜨어 chanda의 번역으로, 좋아하는 대상을 바라고 구하려는 작용이다. 좋은 방향으로 움직이는 선욕(善欲)은 좋은 목표설정(發願)을 하게 되어 바른 노력인 정진(精進)의 작용을 일으키게 한다. 이것이 나쁜 쪽으로 움직이는 악욕(惡欲)이 문제가 되는 번뇌인 탐욕(貪慾)이며, 결국 잘못된 노력 즉 사기행각이나 도둑질 등으로 치닫게 되는 것이다. 따라서 욕망(欲望) 자체는 선(善)도 악(惡)도 아니나 방향에 따라 선도 악도 될 수 있다. 불교에서는 잘못된 방향 즉 탐욕(貪慾)을 경계하는 것이지, 아무런 욕망도 없는 무기력에 빠져 살라고 권하는 것이 아니다. 어떤 이들

은 아무런 노력도 하지 않는 것을 대단한 경
지인 것처럼 잘못 알기도 한다.

ဘုရား:လောင်:ဆံတော်ပယ်ခန်း:

■

고타마 싯다르타께서 출가하시어
스스로 삭발을 하시고 고행을 하신 것도
해탈하고자 하는 욕망에서 시작된 것.

무욕(無慾, 無欲)의 삶

무욕이 무탐욕(無貪慾)을 가리키는 것이라면, 무욕(無慾)의 삶은 자신의 정당한 노력으로 성실하게 살아가는 삶을 뜻한다.

자신은 노력을 하지 않고 남의 것을 탐내거나 부러워하면서 남을 욕하는 사람은, 그 마음이 편안하지 못하므로 괴로움을 만드는 삶인지라 바람직하지 못하다.

자신이 바른 노력으로 정당한 소득을 얻고 그에 만족하며 사는 삶이 아니라, 누군가가 공짜로 주기를 바라면서 불만을 가지는 사람도 스스로 괴로움을 만드는 것이니 바람직하지 못하다.

무욕(無欲)이 어떤 특별한 희망 또는 바람(願)이 없이 그냥 되는대로 사는 삶이라는 오해를 하는 사람들이 있는데, 이는 결과적으로 점점 자신을 나약하게 만들면서 삶의 질도 계속 떨어지기 때문에 결과적으로 괴로운 삶으로 떨어지게 된다. 누군가 이런 뜻의 무욕의 삶을 강조하는 경우, 듣기에는 근사해 보이지만 길게 내다보면 결코 바람직한 삶의 태도라고 볼 수 없다.

불교의 경전(佛經) 또는 고승의 법어(高僧法語)에서 설명되는 '무욕(無欲)의 삶'이라면 그 뜻은 자유자재한 해탈의 삶을 뜻한다.

최선의 수행을 다한 결과로 해탈(解脫)한 경지라면 어떤 일을 함에 있어서 이해타산이나 손익계산이 없이 행한다. 혹시 어떤 바람이 있다면 그것은 이타적인 자비심일 뿐이다. 그 경우는 결과가 다르게 나오더라도 누구도 괴로움으로 떨어지지 않는다. 만약 수행도 하질 않고 해탈도 하지 못한 자가 이 말을 입으로만 떠들면서 속으로는 불만이 가득하다면, 이는 완전히 착각한 것이다.

길게 자란 머리칼에 꾀죄죄한 옷차림을 한
맨발의 노승이 달을 가리키며 웃는 모습.
여기에 무슨 바람(願, 欲)과 괴로움 따위가 붙으랴.
간송미술관 소장,
이정(李霆, 1541~) 문월도(問月圖).

영험도량

누가 불쑥 물었다.

"스님! 한국의 영험도량이 어디입니까?"

"지금은 없나 봅니다."

"왜요?"

"당신이 영험도량을 찾고 있으니까요!"

"무슨 말씀이신지…?"

"영험한 사람이 있는 곳이

가장 영험한 곳입니다.

그런데 당신은 밖에서 영험을 찾고 있군요.

당신 자신의 영험을

깨닫지 못한 것이지요."

해발 3,140m 깎아지른 절벽에 있는
부탄의 상징 같은 탁상라캉.
모든 사람에게 영험할까?

상(相)과 비상(非相)

한겨울에

매서운 서울로 올라와

두 번째 겨울을 나는 차나무

잎이 하나 둘 떨어지고

빈 가지만 남았기에 끝인가 했다.

오늘

한밤중 불 밝혀

빈 가지 찬찬히 보았더니

신비롭게도 싹이 돋았다.

그러니

눈에 보이는 대로만 보지 말고

보이지 않는 것까지도 함께 보라.

■

차나무의 새싹.

개화사 주지 집무실.

취사선택(取捨選擇)

쓰레기장에서도

그 곁에 핀 꽃을 보고 웃는 이 있고

꽃밭에서도

쓰레기통 뒤지며 찡그리는 사람 있다.

온 우주법계에는

미추(美醜)와 염정(染淨)이 공존하고

한 티끌에도 또한 그러하거늘

그 이치를 모르는 이는

종일 화내고 욕하며 자신과 남을 괴롭히고

중도(中道)를 체득(體得)한 이는

언제나 웃고 위로하며

자신도 남도 편케 한다.

■

인도 아그라의 야시장에서
내 카메라에 들어온 여인
그녀는 어떤 세상을 보고 있는가.
(2009.12.5. 촬영)

화두(話頭) II

계속 바뀌는 이슈나 인식이 아닌

목숨 걸고 뚫고 나가야 할 큰 의심

해탈을 막고 있는 은산철벽(銀山鐵壁)

능히 부술 수 있는 가장 뛰어난 창.

** 지금 언론이나 일반 대중들이 마음대로 풀이해버린 '이슈'나 '관점' '관심사' 등의 뜻으로 사용하는 '화두'라는 용어는 간화선(看話禪) 수행에서 '큰 의심' '본성에 대한 의심'이라는 뜻의 화두(話頭)와는 완전히 다르게 변질된 것임. 수행자는 대개 하나의 화두를 깨달을 때까지 끝까지 살핌(화두를 든다고 표현). 왜냐하면 간화선에서의 화두(話頭)란 이해나 설명할 수 있는 수준을 넘어서는 근원적인 의심을 타파(打破—깨뜨려버리는 것)하기 위한 것이기 때문.

■

수안스님의 선화 면벽참선.
개화사 선방(禪房) 소장.

정의(正義, Justice)?

광야(曠野, wilderness)에
막대기 하나 탁 꽂아놓고
세상의 기준이 되어야 한다고
목소리 높이는 이들이 참 많다.

세상의 중심이라는 수미산(카일라스).
과연 그럴까?

나무와 숲

나무 하나가

아무리 높고 크게 자라도

주변에 비슷한 나무가 없다면

결코 뭇 생명 깃드는 숲이 되진 못한다.

■

이 나무가 비록 크긴 하나 숲은 아님.

꽃싸움

내 어린 날 놀이에
꽃싸움이라는 것이 있었지.
토끼풀 꽃대를 따 서로 걸친 뒤
당겨 힘겨루기를 했었지.
어떤 경우
재미 삼아 했던 이 놀이가
진짜 싸움 되어
울며 가던 아이도 있었지.
그러니 재미 삼아 하는
싸움일지라도 오래 하진 마시게.

■

(위) 부탄에서 만났던 아름다운 가족.
(아래) 부탄에서 만난 아름다운 친구들(하굣길).

출가정신(出家精神)

목숨 걸고 수행하여 해탈 열반에 이르고

인연 닿는 이들도 해탈시키려 하는 것

이것이 출가자와 재가불자가 지닐 출가정신.

마음출가라야 비로소 출가정신이 생기는 법

불문을 기웃거리면서도 마음 딴 데 있다면

출가자든 재가불자든 바른 수행자는 아니다.

부처님 제자에 비록 출가자와 재가자 있으나

해탈 열반의 출가정신 없다면

사이비일 뿐이다.

** 몸도 마음도 출가한 사람이 출가수행자이고, 몸은
세속에 있으나 마음이 출가한 사람이라면 참된 불

자이다. 만약 그렇지 못하다면 남을 비방하지 말고 스스로 거울을 대하고 살펴보라. 비방만 일삼는 사람치고 목숨 걸고 정진하는 이 드물더라.

■

오체투지로 해발 3천 미터가 넘는
중국 오대산 북대를 오르는 불자.
2009년 6월 14일 촬영.

덧칠하기

다이아몬드에 가금(假金)을 덧칠하면

맑게 빛나던 다이아몬드 광채만 사라지고

간화참선에 명상이라는 이름을 덧붙이면

간화참선의 반야검(지혜검)만 빛을 잃을 뿐.

극상품 침향을 향으로 팔면 억만금이 되지만

숯으로 만들어 팔면 겨우 하루 밥값만 될 뿐.

개화사에서 대중들이 함께 좌선 정진하는 모습.
2020년 1월.

걸음걸이

걸음걸이를 통해 참 많은 사실을 알 수 있다. 유능한 의사들은 걸음걸이만 보고도 그 사람의 건강상태를 체크할 수 있고, 수행을 많이 한 선지식이라면 걸음걸이를 통해 그 사람의 건강과 심리까지도 읽을 수 있다.

《장자》〈추수편〉에 '한단지보(邯鄲之步)'라는 얘기가 있다.

중국 전국시대 조나라의 도읍인 한단에 살고 있는 사람들의 걸음걸이가 특별히 멋있다는 얘기를 들은 연나라 수릉의 한 젊은이가 한단에 가서 걸음걸이를 배웠으나 우스꽝스러워서 비웃음만 사게 되었다. 한단의 걸음걸이도 배우지 못한 채 고향으로 돌아가게 되었는데, 수릉의 걸음걸이까지 잊어버려서 결국 기어서 돌아갔다는 얘기이다.

스스로 괴로움으로부터 해탈하여 타인을 해탈케 하는 것이 불교수행자의 바른 걸음걸이다. 그것은 석가모니부처님께서 몸소 보여주셨던 걸음걸이였다. 그러니 출가한 수행자는 세속의 걸음걸이로 걸으려하면 비틀거리게 된다. 갓 출가한 젊은 수행자들이 마치 일주문에서 U턴한 것 같은 세속의 걸음걸이로 걷는 것이 안타깝다.

간화선(看話禪) 수행으로 면벽참선하는 수행자, 염불삼매(念佛三昧)에 들어 하루 몇 시간씩 백일기도를 하는 수행자, 자신을 믿

바닥까지 낮추느라 매일 예참하는 수행자, 종일 앉아서 경론을 연구하는 수행자들은 그 자체로 이미 최고의 자리이타의 전법을 하고 있는 셈이다.

세속적 가치관으로 일반 전문가들이 하는 일을 뒤따라가며 아마추어 수준으로 행하는 것은 불교수행자의 걸음걸이가 아니다. 자신과 남을 해탈시키는 것이 바른 수행자의 걸음걸이이기 때문이다. 비록 세상 사람들이 하는 갖가지 일이 멋있게 보여도, 그것은 그들의 걸음걸이이다. 수행자는 어떤 상황에서도 자신의 걸음걸이를 잊어선 안 된다. 비록 화광동진(和光同塵)의 경우라도 화이부동(和而不同)하여야 수행자의 걸음걸이라고 할 수 있다.

■

부처님께서는 마지막까지도
이런 모습으로 걸으셨다.

찻잔

안쪽 면이 흰 찻잔이 좋더라.
차의 맑을 것을 볼 수가 있지.
차의 청탁과 영혼 불어넣은 손길
그대로 보여주는 순백색이 좋더라.

마음 맑은 이가 참 좋더라.
말 없이도 얘길 나눌 수 있고
그냥 빈 허공처럼 잘 통해서
향기롭고 바람처럼 시원하더라.

■

녹차를 우려낸 동일 찻물이라도
찻잔에 따라 색이 다른 것을 볼 수 있음.
찻잔을 완상(玩賞)하는 것과
찻물의 색을 정확히 보는 것은 별개임.

가시

장미가 아름다우나

가시가 있어 함부로 못한다.

장미의 가시는 다만 자신을 보호하려는 것 뿐

요즘 각종 매체를 통해 날카로운 가시를 본다.

증오와 저주와 악담이라는 가시만 크게 보이고

보호하려고 한 아름다운 꽃은

보이지도 않는다.

악담 저주라는 가시는 타인을 해치기도 하지만

결국엔 자신을 해치는 무서운 독이 되고 만다.

그 독 해소하는 길은 마음에 사랑을 채우는 것

자신의 가시가 자기 심장을

찌르게 하지는 말자.

296

** 장미를 사랑했던 릴케는 자신이 백혈병에 걸린 줄
도 모르고 연인을 위해 장미를 모으다 장미 가시
에 찔려 패혈증으로 목숨을 잃었다. 가시를 조심
하지 않은 결과였다.

■

개화사 뜰에 있는 장미.
꽃만 돋보이지만 숨은 가시를 조심할 것.

오물(汚物)

살기 위해 물질이나 지식을 밖에서 찾아
필요해 취했으나 모두 자기 것 되진 않지.
천하진미라도 똥오줌 되면 냄새 고약하고
지식 가득해도 마음을 주체 못해 독설이네.
사람들은 어찌하여 온갖 오물을 토하면서
본디 제 안에 있는 지혜 자비는 모르는가.

개화사 영단 탱화의 중생 세계.
싸움 기술도 실력이라고 하더군.
그런 실력이 모두를 행복하게 하는가.

저주의 인과

마음속에 원한이 가득 차면
가장 괴로운 이가 자신이다.
아무리 독한 저주를 퍼부어도
멀리 있는 상대는 듣지 못하고
제 마음만 사막처럼 거칠어진다.

■

거친 타클라마칸사막에선
생명체 찾기가 쉽지 않더라.
2010년 8월 4일 촬영.

적중(的中)

활을 쏠 때 과녁에 정확하게 맞히면 적중(的中)이라고 한다. 이것은 노력을 한 후에야 가능하다. 그런데 움직이는 물체를 맞히는 일이야 말해 무엇 하랴.

사진을 촬영할 때는 대상의 멀고 가까움, 움직이는 사물의 속도, 밝고 흐림 등을 맞춰야 한다. 요즘은 자동으로 맞춰주는 사진기가 있어서 그나마 아마추어도 쉽게 촬영한다. 그런데 넓은 곳에서 앵글을 어떻게 잡을 것인지는 카메라가 대신해 주질 않는다. 결국 아무리 기능이 뛰어난 사진기를 가졌어도 최종적으로는 촬영하는 사람의 능력에 따라 사진은 달라진다.

사람들의 감각이나 인식도 사진기와 흡사하다. 사람들은 최고의 인식 기능을 갖추었지만, 주인공(本性, 淸淨心)의 현재 상태에 따라 완전히 다르게 포착한다.

이러한 오류를 바로잡기 위해서는 중도(中道)를 깨달아야 한다. 단 머릿속에 있는 이론적인 중도는 소용없다. 어떤 상황에서도 적중할 수 있는 지혜가 발현되지 않으면 자신이 파악한 영상이 엉망일 수 있다. 다만 자신이 모를 뿐이다.

중도의 지혜는 고정되어 있지도 않고 데이

터에 구속되지도 않는다. 그러므로 인공지능(AI)은 결코 지혜로운 이를 따라갈 수 없다. 인공지능(AI)은 초월적 지혜도 아니며 두려워할 대상도 아니다.

■

쿠차(Kucha)의 쿠마라지비(Kumārajīva)스님
동상 앞에서 절하는 모습을 일행이 촬영.
사진 한 장에
오른쪽 쿠마라지바 상,
가운데 松江,
왼쪽 쿠차 천불동(千佛洞)을 포착.

고락(苦樂)의 근원

마음이 맑고 걸림 없는 사람은
가는 곳마다 기쁨의 꽃 피우고
마음에 번뇌 끝없는 사람이면
이르는 곳마다 괴로움 만든다.

■

도량의 잡초 정리하여
꽃밭을 일구는 개화사 불자들.

가시와 비수

손톱 밑에 티끌 같은 가시 하나 박히면
못 견디며 기어이 뽑아내려고 하면서도
마음에 증오라는 날카로운 비수 품고는
자꾸만 헤집어서 제 마음 상처를 키운다.

■

마음에 증오라는 비수를 지닌
사람의 마음은 물기 없는 땅처럼 된다.

흔적

방문을 열어둔 채 한참 운력(運力)을 하고 들어왔더니, 방안에 송홧가루 가득하고, 그 위에 고양이 보리(菩提)의 발자국이 선명하다. 비록 모양 없는 바람이라고 하나 왔다 갔음이 분명하고, 소리 없이 오가는 보리지만 제 발자국을 어쩌지 못했다. 바람처럼 살다가도 이처럼 흔적이 남거늘, 너무 요란스럽게 살 것이 무어 있겠는가.

■

여러 사람이 차를 마실 때 균일하게 분배하는
용도인 다해(茶海)로 사용하는
송대(宋代)의 자기(瓷器, 磁器).
내가 송나라 작가를 만난 적이 없으나
그의 마음 흔적은 볼 수 있다.

뒷정리

뒷일을 본 후 변기를 자세히 살펴보라! 비록 비데까지 설치된 화장실이라도 청결치 못한 흔적을 볼 수 있을 것이다. 그러니 바로 깨끗하게 정리함이 좋다. 사람이 아무리 잘 산다 해도 늘 허물이 남기 마련이니, 그때그때 잘 정리하지 않으면 비난을 면하기 어렵다. 그러니 매사 뒷정리를 잘하는 것이 좋으리라.

** 오래전 한 비구니 스님이 갑자기 차 마시러 방문을 한다기에 7일 만에 집무실에 올라갔더니, 이전 대중들과 차를 마신 다호(茶壺)가 그대로 있었다. 몇 차례 더 마실 요량으로 차를 비우지 않고 그대로 두었는데, 갑자기 다치게 되어 오래 집무실에 올라가질 못했던 것이다. 다호에 남아 있던 차는 더운 여름 날씨에 상해서 냄새가 심했다. 서둘러 차를 비우고 씻었으나 냄새는 가시지 않았다. 방문하는 스님이 돌아가면 다시 양호(養壺-다기를 길들이는 것)를 할 요량으로 가까이 두었는데, 하필 비구니 스님이 그 다호를 집어 들고 뚜껑을 열어 냄새를 맡았다. 타인의 다기는 허락 없이 만지지 않는 것이 예법이기에, 갑작스레 일어난 일이었지만 냄새에 대한 설명을 하지는 않았다. 비구니 스님은 아무 말도 하지 않았지만, 내가 다호도 관리하지 못한다고 여겼을 것이다. 한 달 이상의

양호(養壺)를 거쳐 본래의 상태를 회복시켰지만, 단 한 번의 실수가 좋지 못한 인상을 준 것임에는 틀림없었을 것이다. 물론 그것을 계기로 우린 뒤의 차는 좀 아까워도 곧바로 비워버리게 되었다. 어떤 상황이 전개되어 또 집무실을 오래 비우게 될지를 모르기 때문이었다.

■

청대(淸代) 10인용 크기의 자사호(紫砂壺).
한 번의 실수로 한 달 정도
양호(養壺–다기를 길들이는 것)를 하게 된 다호.

시력(視力)과 안목(眼目)

육체의 시력이 나쁘면

보는 사물이 흐릿하고

마음의 안목이 낮으면

이치가 보이질 않는다.

經을 종일 읽으나

마음의 눈이 열리지 않으면

말로 표현치 못한

부처님 마음은 읽히질 않고

온갖 지식을 수집하나

제 마음을 모르는 이는

지식 속에 담긴 세상

온갖 흐름을 보지 못한다.

키질 제17굴 벽화.

고타마 보살이 6년 고행할 때 새가 머리에

집을 지어 알을 낳아 새끼들 키워 나갔다.

고타마는 그때까지 움직이지 않았다.

그러나 6년 고행의 진실은 여기 없다.

새털처럼

수행자가 세속 가치관에 매몰되어 있거나
인기의 파도를 타려고 하면 위태로워진다.
마치 광대의 어깨 위에 내려앉은 새털처럼
언제라도 땅으로 떨어져 짓밟힐 수 있다.
코끼리는 작은 동물처럼 촐싹대지 않는다.

■

수행자들이 무게중심을 잃게 되면
마치 중심축이 무너진 탑처럼
불교 교단도 무너질 수 있다.

주인과 도적

주인이 집 밖으로만 다니면

도적이 마구 설치게 되고

맑은 마음이 사라진 자리엔

번뇌 망상이 주인 노릇을 한다.

■

부처님께서 마군을 항복받으시는 장면.

마왕 파순의 군대는

각자의 내면에 도사리고 있다.

칼

조리사가 칼을 쓰면 생명의 음식 만들고
강도가 칼 휘두르면 타인 생명 앗아가며
정치인이 마구 쓰면 국민의 삶 위태롭다.

■

수만 번 불과 망치질과 물을 견딘 후에
좋은 칼 만들어지듯,
지혜도 힘든 정진을 잘 견딘 후에 발현된다.
지혜라는 칼을 쓰면 모든 생명을 살려간다.

322

모든 것 초탈해야

오래 가난과 질곡 속에 머물게 되면
원망과 시기 질투에 떨어지기 쉽고
부귀와 영화 속에만 계속 머문다면
오만에 빠져 혼자만 잘난 줄 아나니
모든 것 두루 거치고 초탈한 이라야
비로소 지혜와 자비를 갖추게 된다.

■

부처님께서 땅바닥에 엎드린 사람에게
손을 내밀고 계심.
인도 아잔타 석굴사원의
제10굴 기둥에 있는 불화.

감옥

자신을 제어하지 못해 국가가 만든
감옥에 들어가는 사람이 있고
감정을 조절하지 못해 괴로움이라는
감옥에 갇히는 사람이 있으며
자신도 잘 제어하고 남도 아껴
감옥으로부터 자유로운 이가 있다.

■

'악마의 섬'이라는 별칭으로 불린
샌프란시스코 앞 알카트라즈 섬은
흉악범을 수용하는 감옥이었는데,
통로 쪽 창살만을 통해 겨우 빛이 들어간다.

잔꾀

약간 게으르나 잔머리를 잘 굴리는 농부가
있었다. 채소밭에 벌레가 극성이라서 닭들을
풀어서 벌레를 잡아먹게 하였다. 채소밭에
들어간 닭들이 부지런히 벌레를 잡는 것을 본
농부는 늘어지게 낮잠을 자고 일어나 밭에 나
가보았다. 닭들 덕분에 채소밭은 깨끗해졌다.
채소까지 다 쪼아 먹고 맨땅만 남아 있었던
것이다.

■

닭들도 이용만 당하지는 않고,
제 몫을 확실히 챙긴다.

막말

대문 앞이 언제나 쓰레기로 가득하다면
문안으로 들어가지 않아도 짐작이 되지.
말할 때마다 욕설과 막말을 하는 이라면
그 마음이 맑고 밝다고 말하긴 어렵겠지.

그칠 것만 그치면
자신도 남도 편안할걸.

■

막말은 모래폭풍보다 피해가 더 심하다.
그러나 최후에는 막말을 한 자신이
가장 큰 피해자가 된다.

밝게 살피기

겨울에서 봄으로 넘어올 때 정원의 솔잎이 좀 붉게 보였다. 강추위 때문이라고 보기엔 미심쩍어서 전문가를 불렀더니 병에 걸린 것이라고 했다. 소독을 하고 영양제를 투입한 결과 이제 겨우 생기를 회복하고 있다. 열흘만 늦었어도 죽는 소나무가 생겼을 것이라고 했다.

어떤 일을 함에 때를 놓치면 돌이킬 수 없게 된다. 하물며 찰나로 변하는 무상(無常)한 우리 삶에서, 그 때를 놓치면 다시 기회를 만나기 어려울지도 모른다. 수행이건 사업이건 마음공부건 때를 잘 알아야 한다.

그러니 소년에서 노년에 이르기까지 어느 때
건, 매 순간 밝게 살피는 지혜가 필요하다.

겨우 기운을 차린 개화사 요사채 앞의 소나무들.
모바일 야간 촬영.

선택

스스로 무언가를 선택했다면

어떤 경우라도 남 탓하지 말 것.

탓하면 자신의 무능만 드러날 뿐이며

자신이 어리석어 잘못된 선택을 했다는 뜻.

■

옥룡설산 4,680m 전망대를
자신이 오르기로 결정했다면,
아무리 힘들어도 감내해야 함.

335

눈 씻기

흐르는 맑은 물에 눈을 씻겠다며
눈 감고 계곡물에 얼굴 담그는 사람.
한가롭고 고요한 곳을 찾는다며
산이나 들로 쏘다니느라 바쁜 사람.
마음공부 하겠노라 호언장담하고는
온갖 모양새 흉내 내며 폼 잡는 사람.

■

마음이 손이나 다리나 눈에 있을까?
아니면 어디에 가 있는 것일까?

337

목숨을 걸어야

높은 산을 오를 때에

6부 능선에서 멈췄다가

세월이 흐른 뒤 다시

그 산 4부 능선까지 오르면

6부 능선에 4부 능선을 더해

산의 정상이 되는 것 아니니

결국 6부 능선만 오른 것이다.

수행은 더하기가 아니라

목숨 걸고 해탈까지 가야 끝난다.

보로부두르 대탑에서 가까운
베누바나(Wenuwana) 사원의 주불.
두 손을 들어 설명하는 설법인(說法印)을 하신
석가모니불(824년 조성).

위기

사람은 누구나 많은 위기를 맞이한다. 극복하느냐 좌절하느냐에 따라 삶은 달라진다. 수행은 위기의 굴곡이 훨씬 심하다.

천재적인 피아니스트 겸 작곡가였던 세르게이 라흐마니노프(Sergei Rachmaninoff, 1873~1943)는 24세에 발표한 교향곡 1번이 악평과 혹평을 받자 좌절하여 심한 우울증에 시달리게 되었다. 전기에 따르면 극단적인 생각까지도 했었다. 그러나 정신과 의사의 도움을 받아 위기를 극복하였고, 28세에 〈피아노 협주곡 제2번〉을 완성하여 글린카(러시아) 상을 받으면서 완벽한 재기에 성공하였다. 그 이후로도 여러 위기에 처했지만 슬기롭게 잘 극복하면서 주옥같은 작품들을 남겼다. 그가 만약 20대 중반에 극단적인 선택을 했다면 우리는 그의 아름다운 작품들을 감상할 수 없었을 것이다.

■

블라디미르 아슈케나지(Vladimir Ashkenazy)의
피아노 연주(左)와 라흐마니노프의 피아노연주(右).

수단과 결과

집 주위 산책은 편한 운동화가 좋고
이웃 마을 가고 오기엔 자전거가 편하며
먼 길을 가려면 자동차나 기차를 타고
길 끊어진 먼 곳 가려면 비행기가 편하다.

수행에도 쉽거나 어려운 갖가지 방법 있고
도달하는 마음 경지엔 무수한 차이가 있다.

본성(本性)으로 넘어가는 참선수행은
근본의심(화두) 하나로
길 없는 곳(해탈경지)으로 가는 최상의 수행법.
개화사 참선법회에서 정진하는 불자들.

공양(供養)

이 밥 내게 올 때까지

모든 이들 공 헤아려보니

덕행 부족한 나로서는

공양받기가 참 송구하네.

삼독 허물로부터 마음 지키는 것

근본으로 삼고

단지 몸 여위는 것 치료하는

좋은 약이라 생각해

도 닦는 수행 성취키 위해

응당 이 공양 받습니다.

** 삼독(三毒) : 가장 피해가 심한 세 가지 번뇌인 탐(貪—부적절한 욕망), 진(瞋~주체 못하는 분노), 치(癡~사리 분별 못하는 어리석음).

스님들이 격식을 갖춘 법공양을 하는 경우 밥을 먹기 직전에 위의 게송(오관게)을 외운다. 애쓴 모든 이들에 대한 감사와 자신의 부족한 덕행에 대한 반성, 수행을 성취코자 하는 원력 등이 담겼다. 이것이 수행자의 식사(공양)이다.

출가 후 평생 두 끼를 주먹 정도의 양만 먹는 내겐 신도들을 걱정시키는 부덕함이 있다. 내 활동량으로 봐선 그 양은 턱없이 부족하다는 것이다. 그렇다고 그들의 뜻을 다 받아 마구 먹으면 몸이 오히려 견디지 못한다. 어떤 공양주 보살님은 내 공양의 양을 적게 하라는 말 세 번 했다고 떠났다. 특별한 맛을 추구하는 '사찰음식'이라는 영상이나, 큰스님들 다례법회에 산처럼 쌓아놓는 떡 과일 등을 보면 나는 참 민망하다.

■

개화사에서 행한 은·법사(恩法師)

한산당 화엄대선사님 다례법회 때에 올린 공양.

(식사 떡 과일 차 향 꽃)

기연(奇緣) -1966년의 회상

당감동에서 자취를 시작한 중학교 2학년 시절, 주말이면 화장장(火葬場)과 공동묘지로 뒤덮인 백양산 자락을 올랐다. 그곳에는 국민학교 때 소설 〈원효대사〉를 읽고 롤 모델로 삼았던 원효대사께서 창건하신 선암사(仙巖寺)가 있었다. 오전에 올라가 사시불공을 올리는 시간 대웅전에서 절을 하거나 책상다리(양반다리, 가부좌)로 앉아 있으면 점심이 저절로 해결되었다. 샘표간장에 밥을 비벼 먹는 자취생활을 하던 내겐 국과 네 가지 반찬의 식사는 진수성찬이었다.

무더위가 한참이던 여름날 공양간(주방) 옆

유일한 출입문인 협문을 지나 산신각 아래 작은 폭포수 밑 못에 몸을 담근 채 독서를 하고 있었다. 평소엔 신도들이 오지 않던 시절이었다.

그때 갑자기 꾸중하는 말씀이 들렸다.

"너 이놈 뭐 하고 있느냐?"

돌아보니 노스님이 눈가에 웃음기를 머금고 짐짓 화난 체하고 계셨다.

"더워서 땀을 식히고 있습니다."

"그 못이 네 못이냐?"

"그럼 스님 못입니까?"

"절에 있는 것이니 내 못이라 할 수 있지!"

"지금은 제가 들어와 있으니 제 것이라고 할 수 있습니다."

"허, 이놈 참! 옷 입고 따라오너라!"

그렇게 석암(昔巖) 큰스님과 인연이 되어 주말이면 시봉처럼 지냈고, 그때 뒷날 은·법사(恩法師)가 되시는 선방 입승 화엄선사(華嚴禪師)를 뵙게 되었다. 당시 두 분 어른께 다도(茶道)와 참선(紊禪) 수행법을 지도받았다.

만일 내가 선암사에 주말마다 오르지 않았다면 그 기연(奇緣)은 생기지 않았을 것이다. 모든 것은 스스로 만들어 가는 것이다.

1966년과는 완전히 다른 현재 모습
－칠성각(右)과 산신각(左).

■

이 지점쯤에 작은 폭포와 못이 있었고,
좁은 길을 따라 눈에 보이는 위쪽 전각으로
올라갈 수 있었음.

사진은 선암사 홈페이지 등에서 빌린 것인데,
옛날과는 완전히 달라져 있어서 짐작할 뿐이다.

352

착각 그리고 자만

가장 좋아하는 것이 독서였던지라 어릴 때부터 닥치는 대로 동화에서 세계문학전집까지 독파하고 고1 때 〈세계철학대전집〉과 〈사서삼경〉 〈도덕경〉과 〈장자〉까지 읽은 후 당시 출간된 불교 서적 모두 그리고 〈법화경〉과 〈육조단경〉까지 아마도 4,000여 권 정도였으리라.

고2 때 〈초발심자경문〉과 원효대사 〈유심안락도〉 및 보조국사 〈진심직설〉까지 한문으로 읽고 나니 눈에 뵈는 게 없어 젊은 스님들, 타종교 젊은 지도자들과 논쟁을 하여 모두 이겼으니 이만하면 도인 언저리쯤 되

리라 착각하여 자만심에 떨어졌을 때 화엄,
향곡, 경봉, 해산 큰스님들로부터 정수리
30방망이 얻어맞고서야 그 허망한 꿈에서
문득 깨어났었다.

실체도 없는 설계도에 불과한 이론
안내도에 불과한 것들을 진짜라 착각해
6번뇌 중의 만(慢-자만)에 떨어졌었지.
선사(禪師)님들 아니 계셨다면
얼마나 긴 세월 가시밭길 헤맸을까.

354

** 근본 6번뇌 : 독성이 가장 강한 여섯 가지 근본 번
뇌. 탐(貪−분수를 모르는 욕망), 진(瞋−주체할 수
없는 분노), 치(癡−事理를 모르는 어리석음), 만
(慢−모르면서 다 안다는 자만), 의(疑−성현과 가
르침을 믿지 않는 의심), 악견(惡見−바른 견해를
믿지 않는 그릇된 견해).

개화사 대중방의 서적(일부).
모든 책이 설계도이며 안내도일 뿐.
설계도 따라 실제로 집을 짓거나
안내도 따라 직접 가야하는 것.

357

질문하는 법

어떤 교수님이 차를 수행에 접목시켜 보려
는 생각으로 나를 찾아왔었다.
"스님은 왜
소리향차법회(修行茶會)를 하십니까?"
"앉혀두기 위해서입니다."
더 이상 질문이 없었다.
몰록 깨달은 것일까,
아니면 다음 질문을 몰랐던 것이었을까?

집무실에서 매일 90~120분간 행하는 수행다회.

가만히 앉아있기

네 살 무렵부터 여섯 살 터울인 셋째 누나 따라 학교엘 갔다.

공부 시간이면 누나 옆 나무 마루에서 양반 다리를 하고 40분간 꼼짝 않고 앉아 있었다. 수업에 방해가 되지 않았기 때문에 청강이 허용되었다. 그렇게 2년간 앉아 있으면서 한글과 덧셈 뺄셈을 익혔다. 선생님들은 그런 나를 두고 장난삼아 돌부처라고 불렀다.

그때 나는 수행을 한 것일까?

그렇게 하지 않았으면 쫓겨났을 것이기에, 그냥 가만히 앉아 있었던 것이다.

가만히 있는 것을 수행이라고 착각하는 이들이 많다. 앉아 있기가 수행이 되려면 반드시 화두(話頭-주인공·청정자성에 대한 의심)를 들어야 한다. 가만있는 것이 수행이라면, 인도 영취산의 독수리바위가 부처님보다 훨씬 오래전에 성불했겠다.

영산회상(靈山會上)으로 알려진 인도 영취산
여래향실(如來香室) 앞의 독수리바위.
부처님 이전부터 현재까지
여기 이렇게 가만히 있으니
부처님보다 먼저 성불했다고 할 수 있을까?

이벤트

오래전 종교지도자 모임에서 무료급식이 화제가 되었다.

모임에 나오는 목사님이 1주일 1회 무료급식 행사를 시작했었다. 개화사에서는 어떻게 하는지 궁금했었던가 보았다.

"스님도 무료급식을 하십니까?"

"그럼요. 제가 주지를 시작한 1992년부터 매일 하고 있는 걸요!"

"1주일 하루도 힘들던데, 매일 가능합니까?"

"점심공양 시간(식사 시간)에 와 있는 모든 이들은 무료로 식사를 할 수 있답니다. 신자가 아니라도 누구나 가능합니다. 그러나 일부러 광고를 한다거나 길거리에서 불러 모으지는 않습니다. 불교가 우리나라에 들어온 이후로 늘 해 오던 일이지요."

1년이 지났을 때 목사님이 모두 무료급식을 그만 두게 되었다고 말씀하셨다. 급식을 받던 이들 바라는 것이 커져서 불만이 많아졌고 욕하는 이들까지도 생겼다고 했다. 또 너무 많은 이들이 몰리다 보니 후원금에도 어려움이 생겼고, 봉사하던 신자들이 힘들어해서 그만둘 수밖에 없었다는 것이었다.

종교시설에서는 어떤 일을 시작하면 끝까지 변함이 없어야 한다는 것이 나의 지론이다. 이벤트는 하지 않아도 그만이지만, 늘 하던

일을 멈추면 사람들이 이상하게 생각하는
법이다.

■

개화사 점심공양 시간에는
사람이 많거나 적거나 상관없이
그 시간에 있는 모든 이들이
함께 공양(供養-식사)을 함.

외로움

스스로 자유롭고 빛나는 사람은

홀로 있어도 외로워하지 않습니다.

외로움은 본성(本性)과 거리가 먼

거친 감정(感情)의 작용일 뿐입니다.

■

아름답고 빛나는 모습으로 노란 꽃이
장독대 뒤에 홀로 피어 있다.

호랑이를 보려면

토끼나 고라니가 노는 야산에는
산의 제왕 호랑이가 살지 않는다.
그러니 왜 자기 눈에는 잔짐승만 보이고
호랑이가 보이지 않느냐고 따지지 말 것.

■
토끼라도 이 정도는 되어야지.
순천 선암사 원통전(圓通殿, 관음전) 궁창(널)에
있는 달에서 방아 찧는 토끼.

지겨움

"스님은 20년째 개화사 밖엘 잘 나가지 않는 것으로 알고 있는데, 좁은 공간에서 매일 같은 일과를 되풀이하는 것이 지겹지 않습니까?"

"개화사에는 경계가 없으니 온 법계와 두루 통합니다. 그러니 좁다고 할 수 없습니다. 또한 내겐 매일이 새롭고 즐거우니, 같은 일과라고 할 수 없지요. 어느 한순간도 똑같은 적이 없고, 똑같은 사람을 두 번 만난 적도 없습니다. 이전의 사람과 눈앞의 사람은 이미 똑같은 사람이 아닙니다. 차를 마셔도 매양 다른 차이고, 모든 잔마다 색과 향과 맛이 다 다릅니다. 어찌 지겨울 수가 있겠습니까!"

누군가와 대화를 나눌 때의 송강.
상대가 촬영해 준 것.

독서삼매(讀書三昧)

초등학교 4학년 때부터 내 취미는 독서였다. 독서하는 속도가 워낙 빨라서 동화책 종류는 하루 10권도 넘게 읽었고, 〈젊은 베르테르의 슬픔〉이나 〈로미오와 줄리엣〉 정도는 하루 정도 걸렸다. 문학작품으로 가장 오래 걸렸던 것이 초등학교 때 읽은 도스토옙스키의 〈죄와 벌〉과 고1 때 읽은 헤르만 헤세의 〈유리알 유희〉로 삼일 정도 걸렸었다. 내가 고등학교 시절까지 〈세계철학대전집〉 〈사서삼경〉 〈도덕경〉 〈장자〉 〈성경〉을 비롯한 종교서적과 불교 전문서적 포함 4천 권 이상의 책을 읽을 수 있었던 것은, 책을 들면 곧바로 독서삼매(讀書三昧)에 들었기 때문이다. 주위가 아무리 시끄러워도 독서를 시작하면 고요한 산속에 있는 듯했다.

그런데 독서삼매(讀書三昧)는 독서할 때의 몰입도가 엄청나다는 것일 뿐, 내 삶 전체의 삼매는 아니었다. 위험한 직업을 가진 많은 이들도 목숨을 유지하기 위해 그 정도의 몰입은 한다. 심지어 요즘은 게임을 하는 아이들도 엄청나게 몰입한다. 그럼 그 몰입이 각자의 괴로움을 완전히 해결해 줄까? 잠깐 망각할 뿐이지 해탈은 아니다.

수행에서의 삼매(三昧)는 언제 어느 곳에서

나 어떤 상황에 놓일지라도 평온하고 자유로운 '일상삼매 일행삼매(一相三昧 一行三昧)'여야 한다. 그러니 어떤 일에 몰입한다고 그것을 모두 수행이라고 착각하면 위험하다. 해탈에 이르는 방법이 아니라면 불교의 수행과는 거리가 멀다.

■

대장간에서 작업할 때의 몰입은 엄청나지만,
그 행위 자체가 해탈로 가는 수행력은 아님.

소견(所見)

어부는 큰 고래 잡았던 무용담 떠들고

심마니 전설적 산삼 캤음 자랑하지만

농부는 씨 뿌리고 김을 매어 수확하고

나그네는 유유자적 자신의 길을 가네.

인도의 수자타 마을에서 본 풍경.

보상(報償)

학교도 들어가기 전 어린아이 시절에 아버님의 손을 잡고 논길을 가다가 엇! 소리와 함께 아버님이 걸음을 멈추면, 나는 영문도 모르고 20~30분을 그 자리에 서 있곤 했다.

술도 못하시던 아버님이 시골 통시(측간廁間, 화장실) 똥물에 1년간 박아놓았던 대마디 안에 진액이 차면, 그 진액에 술을 타서 드시고 바로 주무시는 것을 자주 보았다. 골병에 좋다는 이유 때문이었다. 아버님께 여쭈어보아도 아파서 그런다는 말씀만 하셨다.

뒷날 동네 어른들에게 들은 얘기는 아버님의 그 증상이 일본 순사들과 다투어 고문을 당해서 그렇다고 했다. 아버님은 젊어서부터 군(郡)에서 어른이셨는데, 군민들이 억울한 일을 당하면 아버님이 나서서 바로잡으려다가 무수한 고문을 당했다는 것이다. 요즘 주장대로라면 거의 민주화운동 또는 독립운동 수준(?)이라고도 할 수 있었지만, 아버님은 돌아가실 때까지 골병이 든 내력에 대한 것은 말할 것도 없고, 일본에 대한 비난도 입 밖에 내지 않으셨다.

자신이 옳다는 신념으로 무언가를 한 사람이나 아무것도 하지 않은 후손들이 옛 어른들의 공로에 대해 '~~운동'이라는 이름으로 보상(報償)을 주장하는 것은 좀 부끄러운 일 아닌가! 물론 국가가 보상할 이들은 분명 있을 것이다.

■

금생의 나에겐 첫 번째 스승이셨던 아버님.
평생 공짜를 바라신 적이 없었고,
아주 어려우면 출가 수행자인 나에게
조용히 부탁을 하셨다.
물론 법문하고 법사 거마비로 받은 돈으로만
도와 드렸다.

조카가 보내준 사진.

장애(障碍)

유행처럼 마음공부라는 말이 번지고 있다. 진실로 마음공부를 하는 이들이 많아지면 참 좋겠다. 그런데 마음공부에 장애가 참 많다. 외적 장애도 있지만 주로 내적 장애가 많다. 다시 말해 마음작용 자체(분별하는 생각)가 마음공부에 장애가 된다.

마음공부의 목표가 클수록 장애는 크다. 잠시 휴식하는 정도는 수식관(數息觀) 정도면 될 것이다. 하지만 해탈에 이르고자 한다면 화두타파(話頭打破-의심이 툭 터짐)에 목숨을 걸어야 한다. 목숨을 걸 정도로 간절하게 화두(話頭-근본에 대한 의심)를 들면 오직 의심만 남는 의단독로(疑團獨露)의 경지가 되고, 더 나아가면 길이 끊어지고 은으로 만든 산처럼 쇠로 만든 벽처럼 되는 은산철벽(銀山鐵壁)의 마지막 경계에 이른다. 그 벽을 뚫고 나가면 해탈(解脫)이라는 영원한 자유를 맛보게 된다.

■

늦게 핀 목수국.
꽃을 보고자 하는 마음이 극에 달하면
철조망은 문제가 되지 않음.

약식(藥食)

　1981년 중앙승가대학교 1학년 여름방학, 범어사 강원 동창 도반들 몇이 모여 강주(講主)스님께 인사를 드렸다. 강주스님은 차와 약밥을 내어 주셨는데, 마침 배가 고프던 참이라 약식을 맛있게 먹기 시작했다. 그런데 약식에 넣은 대추의 씨를 제거하지 않았었다. 그걸 모르고 두 번째로 덥석 씹었는데, 가장 약한 아래 앞니에 걸리면서 이빨이 부러져 버렸다. 완전히 떨어져 나간 것이 아니었으므로, 다음날 첫차로 서울로 올라와서 종각 옆 치과에 갔다. 원장님은 이빨에 철심을 박아 쓰는 것을 권했고, 그렇게 해서 40

년 넘게 사용하고 있다.

그런데 그것이 진짜 내 출가생활의 약밥이 되었다. 어떻게 된 셈인지 내게는 남들이 보면 행운 같은 일이 빈번하게 일어났다. 신도들이 사찰을 지어 주겠다거나 땅 수만 평 문서를 가지고 와서 기증하겠다는 일 따위와, 어떤 이들이 갈망하는 고위직 소임이 눈앞에 선물처럼 제시되곤 했다. 물론 출가할 때 그런 걸 생각해본 적도 없었지만, 선택의 기회가 내게 주어졌을 때마다 범어사에서 이빨 부러진 약밥을 떠올렸다. "그래 달콤하고 맛있어 보여도 내 삶을 통째로 부러뜨릴 수 있는 게 거기 숨어 있을 수 있지!" 그러고는 정말 어쩔 수 없어서 맡게 된 총무원 국장직을 제외한 수십 번의 기회를 다 사양했었다. 그리곤 지금 얕은 산자락에 겨우 발 뻗을 수 있는 도량 만들어서 자유롭고 넉넉하게 불자들의 수행을 돕고 있다.

은사스님께서 늘 말씀하셨다. "출가자의 벼슬이라는 것은 닭 벼슬만도 못한 것이야. 그게 마약 같은 것이거든!"

寒山堂華嚴大禪師真

■
손연칠교수가 석채(石彩)로 조성한
은사스님 영탱(靈幀).
개화사 무량수전 봉안.

백골관(白骨觀)

자취를 하던 중학교 시절 내 취미 가운데 하나는 시체를 소각하는 것을 관찰하는 것이었다. 부산 당감동 화장막(화장장) 아저씨들과 친해진 후 가능해진 일이었다. 소각장 뒤 작은 창을 통해서 관이 타고 살과 내장이 탄 후 뼈까지 하얗게 되는 몇 시간의 과정을 지켜보게 되었다. 아마도 열 번 가까이 지켜봤을 것이다.

백골관(白骨觀)이라는 관법(觀法)이 있다. 요즘 해골(骸骨) 또는 사람의 뼈를 앞에 두고 보는 것을 백골관이라고 하는 경우도 있던데, 잘못된 설명이다. 죽음 직전에 있는 이에게 허락을 받은 후 임종할 때부터 백골이 남을 때까지의 전 과정을 관찰하는 수행법이다. 시체가 썩어가는 모습, 벌레와 새와 짐승이 쪼아 먹고 뜯어먹는 과정, 악취가 풍기고 장기가 드러나는 그 모든 과정을 거쳐 백골만 남을 때까지 지켜보며 관찰하는 수행법이다. 물론 수행자는 마지막에 백골을 잘 수습해서 지극한 마음으로 기도하고 화장을 해서 강에 뿌렸다. 시다림(屍多林)이 있던 옛 인도에서는 이것이 가능했다.

이 수행법을 통해 우리의 몸이 부정(不淨)하다는 것과 무상(無常)하다는 것을 사무치게 알아서 일체의 집착과 그로 인한 괴로움으로부터 해탈하고자 하는 것이 목적이다.

요즘 자꾸만 쉬운 방법을 찾고 흉내만 내려고 하는 풍조가 심해진다. 정말 괴로움이 싫어서 마음공부 하려면 철저하게 사무치게 해야만 한다. 그렇지 않으면 해탈은 불가능하다.

■

이른 아침 갠지스 강가에서 화장을 하는 장면.
뒤의 건물은 죽을 때를 기다리는 '기다림의 집'.

역량(力量)

등반 능력 알고 싶다면 설산에 올라보라.
3부 능선에서 멈추면 그게 진짜 능력이다.

영혼의 경지 궁금하면 자신을 보라.
늘 고요하고 편안하면 8부 능선쯤이나,
생각 시끄럽고 괴로움 사라지지 않는다면
그때의 영혼은 저 낮은 골짜기인 것이다.

온갖 안전장치가 된 비행기에서 촬영한
히말라야 영봉.
비행기에서 벗어나는 순간 축 사망.
세상을 향해 사기 치지 말 것.

레시피(조리법)

최고의 조리사는

레시피 없이도 맛있는 요리를 한다.

그 요리는 다시 최고의 레시피가 된다.

아마추어는

최고의 레시피를 보고 그대로 하지만

맛도 향도 때깔도 엉망인 음식이 된다.

수행에 있어서도

흉내만 낸다고 해탈에 이르지는 못한다.

뛰어난 선지식의 경책이 필요한 이유이다.

가마솥에 장작불로 쑤는 개화사 동지팥죽은
수십 년의 노하우를 장착한
절정고수들의 솜씨라 비교가 불가함.
한바탕 동네잔치가 벌어짐.

착각

제주도 천왕사 주지를 할 때 사찰로 오르는 길 중간쯤에 늘 자동차가 서 있었다. 그곳에서 공이나 캔이 오르막길을 굴러가는 것을 구경하는 사람들이었다. 그곳을 '도깨비도로'라고들 했다. 사실 그 현상은 낮은 곳으로 구르는 것인데 착시현상으로 올라간다고 본 것이었다.

십대의 나는 지적탐구에 몰입하면서 도가 높아진다고 착각했다. 사실은 지식에 물들면서 오염되고 있다는 것을 뒷날 알게 되었다. 일찍이 그걸 깨닫지 못했다면 사이비 도사가 되었을지도 모를 일이다.

■

제주도 산간 도로를 달리다 보면 굴곡이 있어서
오르막과 내리막에 착각이 생기는 곳이 많다.
아주 오래전에 촬영한 사진.

물 맑히기

오염된 탁한 물을 한 통 떠다 놓고
5분 가만두고 1435분간 흔든 후에
다시 5분 가만두길 되풀이해 보라.
그 물이 시간이 가면 정화될 수 있을까?

이상한 자세로 하루 5분간만 명상하면
인생 달라진다고 희망고문 하지 마시라.
나머지 23시간 55분(1435분)을 오염시키는
그 마음작용
과연 5분으로 맑아질 수 있을까?

** 서양에서 시작된 명상(冥想, 瞑相)이라는 한자어는 불과 2~30년 전의 자전(옥편)에는 있지도 않았던 단어이다. 그 까닭은 라틴어 meditari(깊게 생각하다, 고안하다, 숙고하다)→meditatio(심사숙고, 묵상)→meditation(명상)을 현대에 번역한 용어이기 때문이다. 그것이 한자어이건 라틴어에서 온 영어이건 거기에 해탈을 목적으로 하는 동양적인 수행법이나 불교적인 수행법이 어디 있다는 말인가. 요즘 설명하는 명상은 불교, 요가, 도가의 수행법을 마치 명상인양 가져다 쓰는 것일 뿐이다. 그러니 명상을 업(業)으로 삼는 사람들은 그대로 두고, 불교의 참선수행자들은 이 용어를 떼어내야 한다. 참선수행을 아예 제대로 해본 적이 없다면 입을 다무는 것이 좋을 것이다. 단, 명상 자체를 부정한 것은 아니니 오해하지 마시길!

402

■

출가 후 깨달음에 이르실 때까지 싯다르타는
오직 이 좌선 자세로 무려 6년간 일관하셨다.
스리랑카 '갈 비하라'
선정인(禪定印)을 하신 부처님.

날거름

삭지 않은 거름을 주면
거름에서 열이 발생하여
식물을 죽일 수도 있다.
삭지 않은 날법문을 하면
듣는 이 열나게 할 수 있다.

청대(淸代)에 대나무 뿌리로 조각한 노스님.
보고만 있어도 법문이 들리지 않는가!

연기(演技)

배우가 혼신의 연기를 하면
감동과 믿음을 선사한다.
지도층이 어설픈 연기를 하면
마치 사이비(似而非) 같을 뿐이다.

■

한산 화엄(寒山華嚴)대선사의 달마도.

진광불휘(眞光不輝)

참된 빛은 휘황찬란하지 않다.

수행과 깨달음

불교의 특징을 말하자면
수행과 깨달음 및 중생제도
승복 입은 이들 입에서
깨달음이 중요치 않다거나
수행 택한 것이 오류라는 등
외도들 할 말을 하고 있다면
그는 사이비거나 사기꾼이다.

** 불교의 힘은 수행에 있고 깨달아야만 중생을 제도한다. 요즘 유행처럼 사용하는 '알아차림'은 누구나 갖고 있는 인식 기능인데, 그걸 강조하는 이들의 뜻은 좀 더 바른 인식에서부터 수행을 시작하자는 뜻이다. 깨닫지도 못한 이들이 깨달음이 중요하지 않다고 주장하는 것은 부처님을 부정한 것이다. 또 지금 '내가 살아있음을 알아차리면 그것이 깨달음'이라거나 '내 안에 부처가 있음을 알아차리면 깨달음'이라는 등의 주장을 하는 이는 아주 낮은 단계다.

전통적으로 불교 공부가 깊어지는 과정은 다음 4단계로 설명된다.

(1) 신(信—자신의 안에 청정자성 있음을 확신함)

(2) 해(解—청정자성에 대해 바르게 이해함, 알아차림)

(3) 행(行—信解를 바탕으로 목숨 걸고 실천 수행함)

409

(4)증(證-수행의 결과로 해탈하여 깨달음에 도달함)

이 4단계에서 겨우 (1)(2)단계를 강조한 것은 수행을 제대로 해 보지 않은 사이비들이 하는 주장이다. 제대로 된 수행도 해 보지 않고 자신도 주체 못하는 이들이 이런 주장을 하려면 승복 벗고 다른 단체를 만들면 된다.

만약 어느 한순간도 마음에 걸리는 것이 없거나 괴로움에서 영원히 자유롭고 편안해졌다면 겨우 인정해 줄 수 있다.

고행하는 수행자의 모습.
키질 제17굴의 벽화.

웃자람

웃자란 나뭇가지는
전지를 당하거나
한파에 얼어 죽는다.

출가자는 매일 자신과 도반들로부터
점검을 받으며 수행한다.
1979년 비구 송강
범어사불교전문강원(현 승가대학)
한문원전 논강(論講-세미나방식).

맛

세상에서 최고로 맛있는 과일을
만 번 봤다고 자랑할 것 없느니
한입 씹어 먹어본 사람이라야
참으로 그 과일을 얻은 사람이리.

수행하여 깨달으라는 불교의 경전
평생 봤다고 자랑하면 무슨 소용.
목숨 던져 수행해서 깨달아야만
부처님의 진정한 제자라 하리라.

자신의 마음이 이와 같이 편안한가!
북제시대 불상.

꽃

꽃처럼 아름다운 게 또 있을까
꽃처럼 속절없이 떨어지는 게 있을까
꽃처럼 무상을 잘 가르쳐주는 게 있을까
그럼 '꽃스님'은 위 셋 가운데 무엇을 뜻하나?

** 불교 교단이 세속화되는 것은 절제의 힘이 부족한
이들이 말과 행동을 막 하는 것도 하나의 원인일
터.
불교신문에 '꽃스님' 기사를 보면서.

■

무상(無常)을 잘 보여주는 꽃.
과거(진 꽃) 현재(핀 꽃) 미래(꽃봉오리)가
한 꽃대 위에 있다.

진통제

진통제를 너무 가까이하면
몸 잘못된 것을 망각하여
신체 전체를 망치게 된다.
종교건 사회건 국가건
진통제를 너무 찾다 보면
잘못된 곳을 고치지 못하고
망하는 길로 들어서게 든다.

■

어리석은 사랑보다 무서우리만치 차가운 지혜가
개인과 종교, 사회와 국가를 구한다.

어디에 서 있나

페루 나스카(Nazca)에는 비행기에서 봐야
만 형태를 알 수 있는 거대한 그림이 있다.
비행기를 타기 전 지상에서는 그 그림 위를
걸으면서도 그것이 무엇인지를 모른다.
어리석은 사람들은 도(道) 위를 걸으면서도
자신이 도(道)에 서 있음을 모르고, 번뇌(煩
惱)의 길 위에 있으면서도 번뇌라는 것을 모
른다.

■

안에는 지혜 환하고, 밖을 향해서는
자비가 충만하면 세상 모든 것을 다 본다.

인식작용과 경지

화를 내고 있다가 재빨리 돌이켜 자신에게 지나친 바람이 있음을 알아차리면 참 다행이겠지만, 사실 그보다 훨씬 뛰어난 것은 늘 화를 내지 않을 정도로 한결같은 삼매에 들어 있어야 하는 것이다.

알아차림은 비록 좋은 인식작용이나 수행에 의해 도달한 괴로움 없는 삼매의 경지와는 완전히 다르다.

■

오래전 개화사 소리향차법회(修行茶會)에서
차를 통한 삼매(三昧)를 설명하는 모습.

어디에서 보는가

아주 오래전 공군 수송기를 타고 김해에서 성남으로 올라온 일이 있다. 그날 대령이 몰던 수송기는 나를 위해서 범어사 – 통도사 – 불국사 – 동화사 – 해인사 – 직지사 – 용주사 상공을 날았다. 무수히 다녔던 절들이지만 비행기에서 보는 사찰들은 분위기가 완전히 달랐다.

어디에서 보는가에 따라 대상에 대한 인식이 완전히 다르다. 심지어 한 번도 본 일이 없는 정신적인 경지에 대해서는 말할 것도 없다.

■

비행기에서 본 센 강과 파리 근교.

악연(惡緣)

사람들은 곧잘 악연(惡緣)을 말하지만, 그
것은 자신의 감정(感情=번뇌)을 불편하게
했거나 손해를 끼친 경우일 때이다. 시간이
흘러 그런 감정도 사라지고 손익계산도 사
라지고 나면, 모두 소중한 인연임을 알게 된
다. 먼 훗날까지도 악연이라고 생각되는 경
우는 아직도 그때의 번뇌가 사라지지 않았
기 때문이다.

세상에 악연(惡緣)은 없다. 모두가 소중한
인연들이다. 다만 그 인연들을 대하는 자신
의 거친 번뇌의 모습이 있을 뿐이다.

이런 얘길 하면 '세상 참 편하게 살았군!'하

고 생각하는 이들도 있긴 하더라. 하지만 나 자신 인간이 체험할 수 있는 가장 모질고 험난한 길을 헤쳐 나왔기 때문에 할 수 있는 얘기이다. 세상의 다양한 모습을 관조(觀照)하는 경지가 되면 모든 것이 소중함을 알게 된다.

■

히말라야의 일출.

최고의 등반가에게 나쁜 산은 없다.

드라마

세상 모든 사람들의 갖가지 삶이란
자신의 각본 감독 주연으로 만들어진
유일하고도 멋진 한 편의 드라마이다.
TV드라마는 주인공의 고난이 많을수록
더욱 더 재미있어하며 훨씬 즐기면서도
왜 자신이 맡은 주인공 역할은 싫어할까?
한생도 즐겁고 편안하게 살다 갈 일이다.

■
이른 아침 인도 강가(Gaṅgā, 恒河, 갠지스)
강변에서 화장하는 장면.
여기 담담함이 있을 뿐.

걷는 수행

옛날에는 거의 대부분의 삶이 걷는 것이었다.
내 젊은 날도 하루 12km 정도 예사로 걸었다.
만약 단순히 걷는 자체가 수행이라 한다거나
발밑 집중하며 걷는 것이 대단한 수행이라면
옛 사람들은 모두 깨달아 해탈했을 것이다.

걷는 게 수행이려면 망상 없이 걸어야 한다.
깨달음을 향한 꺾이지 않는 열정이어야 한다.
대표적인 것이 티베트의 오체투지 순례이고
옛 스님들이 화두를 참구하던 운수행각이다.

적어도 4천m 이상의 고산에서 걷는다면
아만과 티끌 같은 어리석음 마주할 것이나
잘 닦인 숲길 걸으며 온갖 생각하는 건
그저 누구나 하는 사고의 영역일 뿐이다.

놀이에 빠져 시간 보내는 건 아이 때의 일
취미 정도로 삶의 문제는 해결되지 않는다.
그러니 착각으로 자신의 인생 낭비하지 말고
제대로 된 수행의 길을 찾아 해탈로 나아가라.

■

여강(麗江, 리장)의 옥룡설산(玉龍雪山)
해발 4680m의 송강.
온갖 생각으로부터 자유로워져야 도달하기 쉬움.
80여 명의 동문들이 함께했으나
젊은 수행자들 50여 명은 중도에 포기했음.

타심통(他心通)

타인의 마음을 읽는 능력을 타심통이라고 한다.

마음이 어지럽지 않아 맑고 고요하다면 타심통은 그리 어렵지 않다. 99.9% 정도의 사람들이 말이나 글 그리고 행동으로 자신의 마음을 표출하고 있기 때문이다. 스스로 다 드러내 보였는데, 그걸 모르는 것이 이상하지 않은가. 혹시 고의적으로 속일 수 있다고 해도 길게 속일 수는 없기에 반드시 드러나기 마련이다.

　스스로 자신을 감추는 절정고수라면 귀신도 모르겠지만.

정말 마음이 거울처럼 된 사람이라면 다른 사람의 마음을 알려고도 하질 않으니, 그 경지에 이른 이들을 겁낼 필요가 없다. 다만 자기 마음을 잘 단속하여 말과 글과 행동으로 나타내질 않는다면, 99% 이상의 일반사람은 모를 것이다.

그런데 자기 마음 오래 고요하게 할 수 있는 사람 얼마나 될까?

운(運) 바꾸기

불교에서는 '잘못된 언어의 소행(口業)'을 경계한다. 거짓말(妄語) 욕설(惡口) 이간질 (兩舌) 아첨(綺語)은 돌고 돌아 자신을 믿지 못할 사람으로 만들어버린다.

신용이 없어진 사람은 결국 모든 것을 실패하게 되고, 스스로 몰락의 길을 걷게 된다. 그러면서도 잘만 살더라고 주장할 수 있지만, 길게 보면 결코 그렇지 않다. 업보는 빠르거나 늦는 차이는 있지만, 결과는 사라지지 않는다. 언젠가 반드시 돌아와 자신을 괴롭히고 빈천하게 만들어 버린다.

그럼 미래를 성공적으로 바꾸는 언어는 무엇일까?

진실한 말, 성실한 말, 부드러운 말, 화합시키는 말을 하면 된다. 서서히 부귀와 영화 쪽으로 운이 바뀔 것이다.

■

지헌선생 작품.

그릇된 것은 보지도 듣지도 말하지도 말 것.

탓하기

매사 탓하길 좋아하는 사람들이 있다.

타인을 탓하는 순간 그의 좋은 점은 잊어버린다.

세상을 탓하게 되면 세상을 똑바로 보지 못한다.

가장 중요한 것은 자신을 돌아보지 않게

되는 것.

만약 이렇게만 산다면 똑같은 일이 일어났을 때

역시 또 실패하게 되고 탓만 하고 있을 것이다.

다람살라 방향으로 가는 기차는 네 시간째 연착했고,
사람들은 그저 안방처럼 편안하게 지내고 있었다.
2006년 8월 뉴델리역.

최악의 바이러스

마음에
어리석음, 탐욕, 분노가
계속 일어나게 하는 것
자신의 건강을 해치는
최악의 바이러스가 된다.

마음의 달 밝으면 괴로움은 사라진다.

지름길

산에 대해 이미 모든 것을 다 알고 있는 이가 산꼭대기 오르는 바르고 빠른 지름길 알려주면, 힘들어도 그 길을 가는 것이 가장 좋은 방법이다. 좀 편한 길 찾느라 온 산 둘레를 돌아다니다가 모든 시간 다 보내버리고 힘 빠지고 나면 어찌 오를 수 있겠는가.

깨달음에 이르는 방법이

무수히 많긴 하지만,

자신의 본래 모습 자성자리

어떠한지 의심하는 것.

그 화두 하나 참구하는

간화선 수행법이 지름길,

편한 방법들 수백 가지 해 봐도

그저 초입인 걸.

그리 쉬운 일이었다면

역대 선지식들 어찌

승복 입고 평생 보냈으랴.

■
달마대사 9년 면벽 좌선하신
달마동(達摩洞)에 오르려면
이 가파른 계단 50배도 넘는 길을
올라야 함.
그 길이 지름길.

당신이 무시하는 것

당신이

아무렇지 않게 무시하는 그것이

다른 사람들에겐

소망하는 것이 될 수도 있다.

■

누군가에게는 그저 민들레꽃이지만,
누군가에게는 생명의 희망일 수 있다.

전문가

아주 묘하게도 많은 전문가들은
자신에 대한 통찰은 거의 하질 않고
전공분야의 얘기도 별로 하질 않는다.
그러면서 세상 모든 것에 대해 비판한다.

■

시선이 향하는 곳은 어디일까?

역효과

다식을 차(茶)와 함께 먹는 건
혀의 미각(味覺)을 둔하게 만들어
오히려 차 맛을 떨어뜨릴 수 있기에
그 결과로 차를 멀리하게 할 수 있다.

** 늘 차를 마시는 중국인들도 식사에 마시는 차와 다회
는 구분한다. 좋은 차를 마실 때(茶會)는 맛있는 음
식, 떡, 케이크, 과일, 초콜릿, 과자 등을 일체 내지 않
는다. 다만 식사 때는 찻잎 몇 개 정도 아주 묽게 우린
차를 물처럼 마신다. 전문 제다인의 집에서는 더 철
저하게 구분한다. 60년쯤 차를 마신 내 경험상 차 맛
을 더 좋게 하는 다식(茶食)이나 다과(茶菓)를 만나
지 못했다. 송대(宋代)의 기록을 보면 말차(抹茶)를
마실 때도 동시에 다식을 먹지 않고 한참 시간 차이

를 두었다. 대개 끝난 뒤 시간이 지나 손님이 떠나기 전에 탕 종류를 대접했다고 한다. 음식 대접이 목적이라면 상관없다.

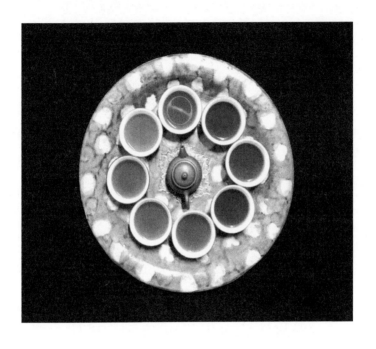

■

개화사에서는 다식(茶食) 다과(茶菓)가 일체 없음.
다회 전후의 대접은 별개다.
1900년 무렵 만들어진 복원창(福元昌) 우린 탕색.

도깨비

앞소리는 흡사 도인(道人)인데

뒷소리는 괴롭다는 아우성

참! 묘하다, 그 이름 도깨비.

■

부동명왕(不動明王, Acalanātha)은 언제나
화생삼매(火生三昧)에 있으면서
일체의 장난이나 부정을 태워버리고
중생을 옹호하여 득도하게 하는 명왕.
부동명왕의 검에 심장이 찔려봐야 정신을 차리지.
개화사 무량수전 불단.

455

대체불가

당신의 현재 마음 상태가
만약 자유롭고 편안하다면
세상 모든 성현 말씀으로도
그것을 대체할 수는 없는 것.

◼

차를 마실 때의 송강.
앞 사람이 모바일로 촬영.

칼의 사랑

글, 사진	시우송강 時雨松江
표지 그림	방혜자
발행일	2025년 1월
펴낸곳	도서출판 도반
펴낸이	김광호
편집	김광호, 이상미
대표전화	031-983-1285
이메일	dobanbooks@naver.com
홈페이지	http://dobanbooks.co.kr
주소	경기도 김포시 고촌읍 신곡리 1168번지